台灣十年大變局

野島剛觀察的日中台新框架

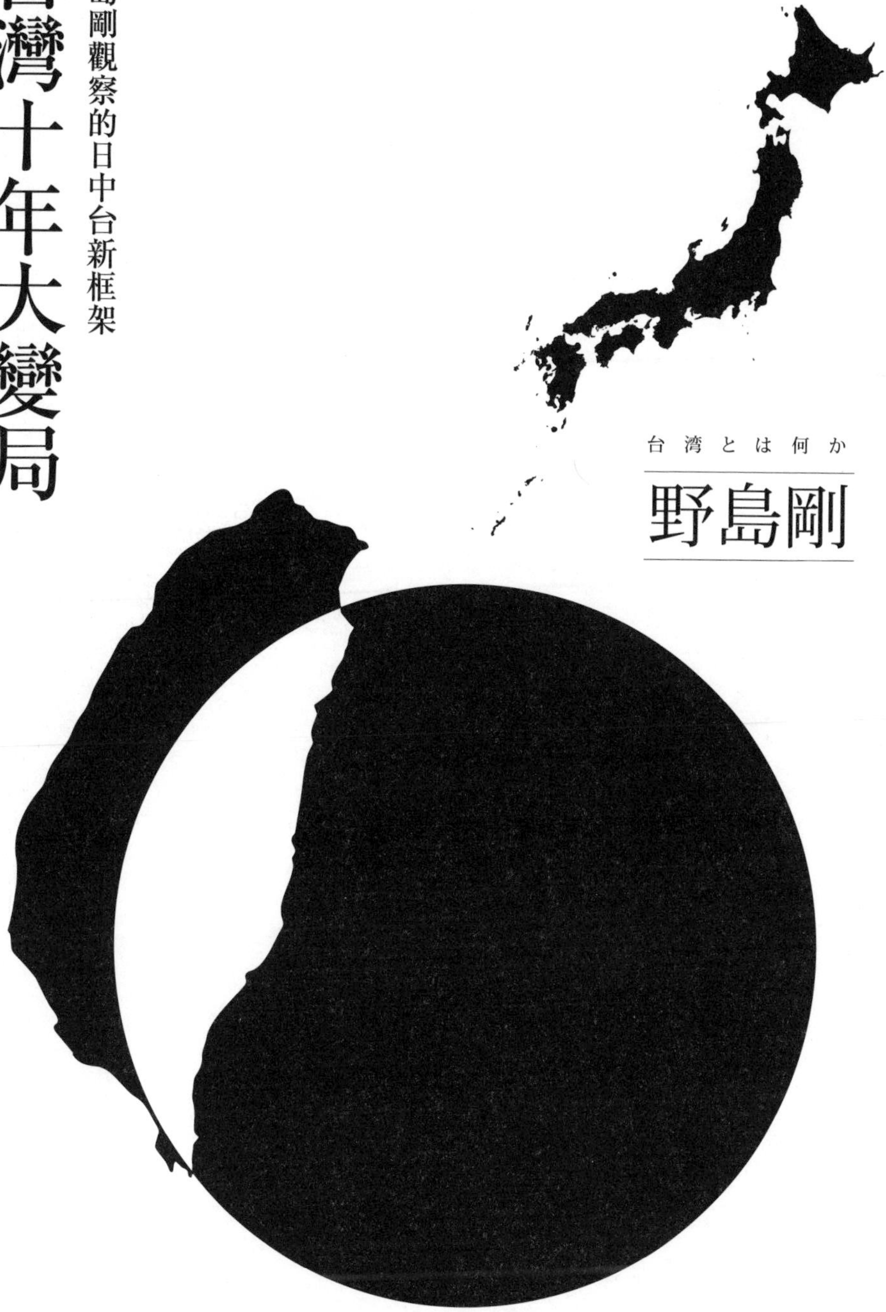

台湾とは何か

野島剛

Tsuyoshi Nojima

目次

台灣版序

二〇一六年三月，我離開了長年工作的《朝日新聞》，單飛之後的最初作品，就是本書。《台灣是什麼》是這本書的日文原書名，現在回想起來，我實在是下了一個相當大膽的標題。其實我一開始想的標題並非如此，不過在筑摩新書編輯部的勸告下，才決定使用這個標題。

然而，本書付梓到現在經過半年，我卻覺得這個標題下得極好。畢竟，我在這十年間，針對台灣進行訪問與書寫的過程中始終念茲在茲的事情，概括言之，正是「台灣是什麼」。

就在本書刊行後不久，在日本也掀起了對於「台灣是什麼」這個問題的省思，那就是擔任日本民進黨黨魁的蓮舫，她的雙重國籍問題。可是，在這個議題上，不管是誰都覺得相當困擾。畢竟，台灣的存在，其實是個相當複雜的問題，不管怎樣去論述，總是讓人難以輕易理解。

台灣和日本並沒有邦交，與日本有外交關係的是中華人民共和國。然而，中華民國這個國家確實存在，正因如此，蓮舫的「雙重國籍」才會遭到批判。可是，若日本並不承認台灣是個國家的話，那麼雙重國籍的問題打從一開始也就不成立了，不是嗎？一思及此，不禁讓人產生這樣的疑問。

不只如此，在日本的法律體系下，台灣也是極為「多樣化」的存在。在戶籍法中，台灣被歸類入「中國」，可是這裡的「中國」指的到底是中華人民共和國還是中華民國？就沒有明確指涉了。另一方面，在填寫外國人登錄證的時候，寫「台灣」則又可以過關了。同樣的一個台灣，在日本卻存在著不同的稱呼、不同的法律地位。

只是，這種複雜的情況，絕非只是日本人單方面造成的。就像有人硬是把台灣護照上的「中華民國」字樣貼掉，改成「台灣國」一樣，到底是中華民國還是台灣，台灣的「定位」甚至連台灣人自己也很難說個清楚。

另一方面，在日本居住著許多具有台灣血脈的人士。比方說女星歌手翁倩玉、作家陳舜臣、被尊稱為「賺錢之神」的邱永漢、直木賞作家東山彰良、作家一青妙、歌手一青窈姊妹等，可說不勝枚舉。這些人在各自相異的時代，因為各自不同的背景而渡海來到日本，和日本人結婚，將台灣人的血脈傳承下去。然而，因為他們實在太過融入日本社會了，以至於反而讓人難以想像，他們為什麼要生活在日本？

明明台灣對日本社會而言是這麼貼近的主題，但，彷彿和這種狀況成反比般，戰後的日本對台灣社會抱持的是一種冷淡的態度，甚至只能用「遺忘」兩字來形容。

關於這一點，因為本書中已經做了詳盡的分析，所以在此就不多加贅述。可是，若是從台灣的人們曾經在日本的國家權力下、接受日本的領土統治這段歷史來看，戰後日本對台灣的忘卻與無視，可以說是一項極大的「罪過」。

當然，之所以會如此，和中國宣傳的深刻影響，以及蔣介石／國民黨政權不希望日本人對「台灣」太過關注也有關係。只是，冷戰已經結束，台灣也正走在民主化的道路上，但日本人對於邁入新時代的台灣，卻還是處於一種忘卻的狀態。儘管我是這樣想的，不過潛藏在本書中的暗流，確實已經在流動了。

本書的日本版校訂結束，是在二〇一六年二月。距離本書台灣版的刊行，將近過了一年的時間。

台灣和中國之間的「冷戰」，至今依舊持續著。美國新任總統川普公開對於「一個中國」抱持疑問，並且接聽了蔡英文總統的電話，令世界為之震驚。對台灣抱持好意的安倍政權，幾乎是確定會迎接二〇二〇年東京奧運的到來，在這種情勢下，日台關係也出現了重大的轉機。但是，另一方面，日本包括福島在內的關東五縣食品輸入問題在台灣被泛政治化，所以也很難說日台關係就一定會平順走下去。總之，關於台灣問題，要預測實在相當困難。

本書的刊行獲得了日本社會相對善意的接納，並在出乎我意料的情況下，獲得了頒贈給優秀亞洲關係書籍的第十一回樫山純三郎賞這一榮譽。本書的出版，也使得我光是二〇一六年就在日本各地舉行了三十場以上關於台灣的演講。就我自己而言，我想透過這個竭盡我生涯努力鑽研的主題，對台灣報答些許恩惠，所以只要有邀請，我都會盡我所能地做出回應。

單單從這件事，也可以清楚體察到日本對台灣的關心，毫無疑問地正在高漲之中。日本人對台灣的遺忘，已經隨著二〇一一年東日本大震災時，台灣提供莫大支援所引發的感謝之情，著實在產生變化。

本書是日本人所描述的台灣論，也是日本人眼中所見的台灣之姿。當然，我的想法或許不能代表全部的日本人，可是，我確實是以日本人的身分，一邊意識著心中的台灣這部分，一邊書寫。台灣的人們會怎樣看待「日本人的視線」呢？隨著本書的刊行，我由衷祈願，希望能夠有台灣人的迴響，傳達到我的身邊。聯經出版公司刊載敝人的作品，已經是第五冊了，我在此要致上由衷的謝意。

和迄今為止我在台灣出版的《兩個故宮的離合：歷史翻弄下兩個故宮的命運》、《最後的帝國軍人：蔣介石與白團》等書一樣，我相當期待本書能夠得到台灣社會的廣泛注意及閱讀。同時，我也希望這本書的內容，能夠對生活在台灣這塊狹小卻富有多樣性、豐饒土地上的人們，至少提供一點前進的助力，我在此由衷祈願著。

二〇一六年十二月十四日　於大阪演講會場

台灣問題主要人物相關圖

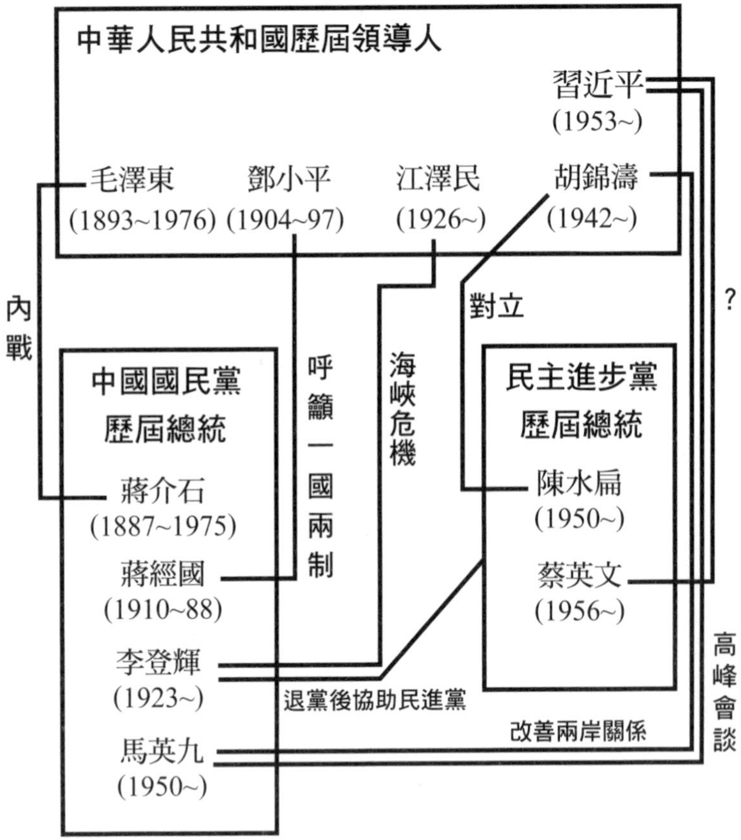

＊中國也好，台灣也好，其政治體制的特徵，都是強烈傾向以指導者的個性和思想，來決定政治的行進方針。因此，各自的時代狀況不同、以及領導者之間配合程度的好壞，在在左右了兩岸關係的展開。我們就藉著這張相關圖，來回顧「兩岸分斷」這六十六年間的大勢演變。

序章

轉換期的台灣

靈活多變的台灣政治

每次想要重讀過去自己所寫有關台灣的文章時，多少需要一點勇氣，有時還會感覺有點鬱卒。二〇一六年一月十六日，蔡英文以民主進步黨總統候選人身分，獲得壓倒性勝利當選的那一晚，這樣的思緒就層層包圍著我。

儘管這一夜的台北仍然籠罩在寒冬裡，但街頭卻充滿著熾熱的氛圍。的確，雖然大家在事前都已認定民進黨必定會重新奪回執政權，但有點超乎想像的是，民進黨的總統候選人蔡英文竟然以三百萬票的差距擊敗國民黨候選人朱立倫，而且在立委選舉方面，民進黨也輕鬆獲得單獨過半席次，可說是壓倒性的勝利。這讓我不禁想起八年前，國民黨擊敗民進黨，重回執政地位的那個夜晚。那晚的台北也是一樣熾熱。當時我清楚地有種感覺，那就是國民黨新的「一黨獨大時代」已然到來。相較之下，醜聞纏身外加施政失當，遭受強烈批判的民進黨，則是顯得完全乏善可陳。不只如此，國民黨的總統候選人馬英九，其光芒四射的程度，簡直就像今天的蔡英文。

二〇一六年的台灣選舉，彷彿和二〇〇八年是同樣的一齣劇本，只是演出的主角換了一個人。國民黨從頭到尾都陷在無止盡的內部鬥爭中，完全沒有打出整體作戰的感覺，敗北自是理所當然。至於民進黨則是極力呼喚中間選民，他們一方面成功吸引了追求「安定與自立」這個漂亮品牌的人們，另一方面則確切鞏固了既有的、擁有強烈「台灣意識」的支持層，從而第二度贏得執政權。只不過是八年前，那時的國民黨團結一致，民進黨卻分崩離析。勝負，或許往往就是這麼一回事。

每八年就能目睹一次如此鮮活演出的台灣政治「逆轉劇」，對專家而言可說是件非常幸運的事。不過，在此同時回想起自己八年前寫的東西，不免感到有些尷尬——「民進黨在接下來的二十年內，大概都無法恢復元氣了」，選舉之後，台灣人不斷這麼議論著，也出現了許多抱持這種觀點的文章。然而，這回民進黨不只贏得了總統大選，還達成了陳水扁執政八年間從來不曾掌握的立法院過半優勢，輕而易舉實現了長久以來夢想的「完全執政」。

台灣政治的變化確實相當激烈。就像黑白棋遊戲一樣，一、兩手的失誤就可能導致徹底翻盤。台灣，總是跳脫我們的預測，讓我們看得頭暈目眩；但是，儘管如此，這種巨大流動所帶來的爽快感，也正是台灣政治的魅力所在。正因如此，我們也不能就此斷言，認為國民黨已經沒有希望。不過，國民黨若是不壯士斷腕、全黨從根本進行徹底的改革——譬如將「中國國民黨」的「中國」兩字去掉——想要再站起來恐怕很困難。

想要寫一本書來描述這樣變化劇烈的台灣，這樣的報導文學作品，它的壽命一定不會很長。過去，我曾經寫過關於台北故宮與蔣介石、台灣的自行車產業、台灣電影等主題明確的書籍，但是對於書寫台灣政治，我總是有意識地敬而遠之。之所以如此，大概是因為，我在內心深處對於「保存期限」有種畏懼感吧！或許，對自己寫出來的書不該有過多的奢望，但我至少還是希望能讓人讀上個五年、十年。

更進一步說，「台灣」這個主題本身就是難以處理的題材。就像「台灣」與「中華民國」很難畫上等號一樣，隨著觀察者和談論者在立場與尺度上的不同，對於台灣的看法也大相逕庭。因此，不管怎麼寫都要面對被轟得滿頭包的窘況。所以我想，若要對台灣進行總論性的描述，以我的能力大概力有未逮。

只是，儘管內容或許並不充分，但我還是想在自己能力所及的範圍內，為這十年間觀察台灣的變化留下一份「報告書」。之所以如此，是因為我認為二〇一六年的台灣，在很多意義上其實都面臨了重要的關鍵轉折點。

迎向階段性轉折的台灣

台灣民主化的起點始自一九八六年。這一年，蔣經國發表了「時代在變、環境在變、潮流也在變」的宣言，決定解除戒嚴令和黨禁、報禁，民進黨也在這年成立。此後就像水壩潰堤一般，台灣的民主社會開始迅速發展起來，直至此時正好是三十年。

蔣經國發表宣言的十年之後，台灣在一九九六年首次實施總統直接民選。此後歷經六次總統選舉，至今經過了二十年。

兩岸關係的接近則始於二〇〇五年，當時身為在野黨領袖的國民黨主席連戰前往中國訪問，創造了一個契機，促成中台雙方在「國共」這個框架下開始親近。從那時起到現在，也過了十年有餘。

民主化三十年、總統直選二十年、兩岸接近十年；就算光從這點來看，也可以發現，台灣在這段時期裡一共經歷了三個不同的轉折階段。

透過這樣的進程，台灣儼然已經成為全世界言論與行動最自由的地區之一。同時，台灣的民主化也日趨成熟。二〇一六年的總統選舉，造就了第三次政黨輪替。二〇〇〇年，政權由國民黨交到民進黨手中，二〇〇八年再輪回國民黨，過了八年之後又再輪回民進黨，每八年就會有一次漂亮的政權交替。就這方面而言，台灣可說是民主化的優等生；所有想要理解兩黨制的人，首先都應該到台灣來觀摩才對。

至於台灣和中國的關係，目前則是處在一種停滯不前的狀態中。隨著中國的崛起，台灣被迫必須強化與中國之間的經濟關係。在軍事上也是如此，隨著兩岸間的武力失衡，中國明顯占據了優勢地位。面對中國這種半逼半誘的壓力，台灣只能設法保住自己的主體性而已；在這種需求下應運而生的，就是高舉「對中融和」大旗的馬英九政權所走的兩岸融和路線。

在這之後，隨著中國和台灣的日益接近，一時間「台灣芬蘭化」的聲浪甚囂塵上。所謂「芬蘭化」，指的是小國面對強大鄰國環伺時，採取一種友好的中立政策，以作為戰略上的妥協。芬蘭在保有議會制和自由經濟的同時，也和（當時的）蘇聯相互約定：芬蘭不會參加任何挑戰蘇聯地位的同盟。「芬蘭化」便是以此為模板的外交政策；而「強大鄰國」也會給予諸如參加國際社會、減輕軍事威脅等恩惠作為回報。馬英九政權高唱的「和中、友日、親美」這種八面玲瓏的外交方針，從某個角度來說，確實可視為一種芬蘭化的謀略。

但是，在這次的選舉中，台灣選民卻再次將政權託付給了民進黨。確實，在台灣經濟成長以及參與國際社會這兩方面，中國掌握了足以左右形勢的關鍵；只不過，台灣社會是否願意在經濟領域之外對中國讓步？又或者認為這是令人難以接受之事？透過這次選舉的結果，答案可說再明確不過。

另一個也常被提及的論點，就是台灣「香港化」的概念。根據這種看法，中國的目標並不是無法獲得全面主權的「芬蘭化」，而是將全面主權掌握在手中，但在一定程度上尊重台灣自主性的「香港化」。可是，現在的香港只有表面上名為「一國兩制」，實際上政治命脈全都操之於中國手中，使台灣人感到強烈的不安。當香港的雨傘運動被當局鎮壓下去的時候，台灣流行著這樣一句話語：「今日香港，明日台灣。」於是，台灣既不走芬蘭化，也不走香港化；結果，除了台灣人民所期望的「台灣化」以外，台灣的未來並不存在其他選項。可是，台灣在經濟上對中國有著強烈的依存性，就眼下的情況而言，想要切斷關係可說難上加難。面對中國的統一取向，台灣以自立取向加以抗衡，而作為「維持現狀」的守護神，美國不管對中國或是台灣，都扮演著天平上的重要砝碼。這種美中台之間的三角關係，其緊張的強度應該還會持續下去吧！

另一方面，迄今為止，台灣對外關係的基本立場一直是「政治靠美國、經濟靠中國」，但是從今以後，「和中國進行政治對話」也必須納入考量了，以尋求建立嶄新的兩岸關係模式。除此之外，民進黨還必須滿足那些因為追求強化台灣主體性，才將手中一票投給他們的八百萬選民。新總統蔡英文一啟航，就不得不面對這個擺在眼前的棘手難題。

台灣本身，便是亞洲的縮影

作為單獨討論的個體，台灣絕對稱不上是「大」。伴隨著葡萄牙人那聲聞名的驚歎——伊拉・福爾摩莎（美麗之島）——台灣從十六世紀開始登上世界史。這是一座形狀總會讓人聯想到蕃薯、擁有海拔三千公尺以上的群山，被稱為「高山國」的島嶼；它的面積約為三萬六千平方公里，不過是九州程度的大小而已。

台灣的人口規模和日本近畿地方相當，約有兩千三百萬人左右，在一九八〇年代到一九九〇年代期間出現了高度經濟成長，因而被列入「亞洲四小龍」之一。從GDP（國內生產毛額）來看，它的經濟規模大約和比利時相等。

但是，在台灣島上，還充滿著這些數字所難以計數的趣味。

直到五百年前為止，台灣都還是今日稱為「原住民」的南島語族聚居地；不過，自十六世紀以降，包括福建、客家裔的南方系漢民族，以及從中國各地匯聚而來的外省人等等，新族群陸陸續續、重重疊疊地渡海來台。正如日本台灣政治研究先驅若林正丈所指出，台灣的民族構成混合了「海洋亞洲」與「大陸亞洲」，成為一種極富多樣性的形式。再加上日本統治五十年，留下了許多對日本文化造詣甚深且通日本語言的人，凡此種種，皆讓台灣成了亞洲世界的一幅縮影。

另一方面，和台灣有著最深切利害關係的三個國家—中國、美國和日本，不用說，正是世界上GDP最大的三個國家。這三個國家之間的利害關係，屢屢圍繞著台灣議題產生衝突。美中關係與日中關係，也常被台灣人視為最敏感的議題。筆者過去主跑外務省線新聞，就中國議題進行取材時，曾經有某位負責中國外交的中國學派官員（譯注：指日本外務省等處理對華關係的政府部門中，一批比較了解中國，或在中國任職經歷較長的官員（China school）。）對我說：「日中關係（的核心）就是歷史與台灣，你只要牢牢記住這點就行了。」他的話在我腦海中留下了深刻的記憶。

台灣的重要性，與這座島嶼所背負的歷史重擔有極深的關聯。中國在甲午戰爭中敗北，將台灣割讓給日本，這份屈辱後來演變成導火線，引爆了辛亥革命，最終推翻了滿清。此後，經歷日本半世紀統治的台灣，隨著日本在第二次世界大戰（中日戰爭也包括在內）中戰敗，再次回到中國的手中；可是，不到幾年時間，台灣卻變成了國民黨輸掉國共內戰之後的反攻據點，同時也成為共產黨「未完成的國家統一」當中最後一塊拼圖。實質阻礙這種統一的，是因冷戰導致的美國介入。

換言之，甲午戰爭、中國革命、中日戰爭、國共內戰、東西方冷戰，這些深刻改變東亞世界的近現代史大事件，全都與台灣有著千絲萬縷的關聯。不只如此，國共內戰與東西方冷戰的框架，直到如今依然束縛著台灣。

台灣本身也產生了某種重大的變化，那就是「台灣認同極大化」。台灣就是台灣，不是中國；抱持這種想法的人數，已經超過人口的六成。這麼一來，尋求「讓台灣成為自己的國家」的民族主義自然而然水漲船高。只不過，考慮到中國強力的「一個中國」束縛，以及和中國經濟相關的利益，發表獨立宣言、建立獨立國家，這條路便顯得很不現實。另一方面，迄今為止一直抱持著不同認同觀的台灣與中國，真的會一直恆久待在「一個中國」這樣的框架下嗎？這次的總統大選，已經將這個問題送到我們鼻尖前了。

二〇一四年春天，由學生和市民占領立法院、令全世界刮目相看的「太陽花運動」，其主體正是來自具有強烈台灣認同，對中國不抱持祖國幻夢的「天然獨」（與生俱來的台灣獨立派）年輕人。毫無疑問，他們的動向將會成為今後台灣政治的焦點。

比起上述這些，我更想指出的是：對我們日本人而言，此刻，我們正面臨一段對台灣「認識的轉換期」。「認識的轉換期」這個詞彙或許有點難以理解，簡單來說就是：我們應該如何與台灣往來？又應該如何理解台灣？關於這些，我們都來到了必須回到原點、重新思考的時候了。

只要是和台灣有關的日本人，最近大概都會突然產生這樣的感覺吧：迄今為止只被看成「中國之一部分」的台灣，是否其實不能僅以此衡量、理解的重要存在呢？日本和台灣之間存在著特別的關係嗎？日本人該如何理解台灣的親日性？為何在東日本大震災時，台灣人會主動提供鉅額的援助捐款？這麼多問題現在一下子塞進日本人的腦袋裡，會弄得腦袋暈頭轉向，我想也是無可厚非的情況吧！

於是，讓我們回到問題意識上：對於台灣和日本、台灣和中國，以及台灣本身，我們應當如何思索，又該怎樣去面對？身為長年以台灣為主題來撰寫書籍的人之一，筆者想在這裡試著向包含自己在內的讀者提出這個問題。這正是本書最主要的執筆動機，同時也是追尋的目標。

在此我想順道提一下有關稱呼方式的事情。關於台灣近現代史的記述，不管哪位作者都會有感到棘手的地方，其中，對於政治體制的稱呼方式，則是最令人頭大之處。「北洋政府」、「北京政府」、「南京國民政府」、「重慶國民政府」……中華民國自一九一一年誕生後，隨著內部對立分裂以及中日戰爭，各種不同的稱呼陸續出現，然後又被人放棄。一九四九年，被共產黨擊敗的中華民國體制轉移到台灣，大陸上則成立了中華人民共和國。這當中涉及到的「一個中國」問題，以及日本也牽扯在內的國家承認問題，確實使得稱呼本身就代表某種政治立場，同時也是個泛政治化的問題；因此，在處理這個問題時必須極其慎重小心，這點自然不在話下。

在此我必須先聲明，在本書中，我完全不打算在名稱問題上摻入個人的政治主張，不過，我倒是會在內文裡針對台灣的政治體制喜歡怎樣自我稱呼這一點，試著進行一定的檢視。

在本書中，關於戰前中華民國的「訓政時期」體制，亦即一九二五年至一九四九年的「國民政府」，由於南京、重慶等地域別的名稱太過複雜，因此就不特別做區分，一律以「國民政府」稱呼之。另一方面，汪兆銘（汪精衛）所建立的親日政權「南京國民政府」，因為不會在本書中登場，所以也不用擔心混淆的問題。

至於轉移到台灣之後的國民政府，日本媒體一向都將一九七二年日華斷交、以及日中國交正常化之前的國民政府稱為「國府」，一九七二年之後則多半稱為「台灣當局」。事實上，直到今天，日本的外交文書還是使用「台灣當局」這一稱呼。

不過，本書則是將戰後直至民主化以前的台灣政治體制稱為「國民黨政權」。之所以如此，是因為「國府」這個名稱，對現今的一般日本讀者而言，其實是有點陌生的。

至於一九七二年以降，我也沒有使用一般慣用的「台灣當局」這個詞。其理由如下所述：我自從擔任報社特派員以來，就一直盡量避免使用「台灣當局」這一詞彙。在我感覺起來，日語的「當局」這個詞給人一種和擁有兩千三百萬人口，且民主制度完備的台灣人民意識以及實體背道而馳的印象，同時也是一種欠缺禮貌的稱呼方式。

另一方面，「台灣政府」這個稱呼，原本指的是「台灣的統治機構」，屬於一種價值中立的表意，事實上在歐美媒體，也普遍使用「TAIWAN GOVERNMENT」這樣的稱呼法。只是，這個詞恐怕會招致「一個中國」支持者不必要的反彈與誤解，這也是難以否定的事實。因此，本書採用的是特別強調「台灣的統治機構」這一意味的稱呼形式——「台灣的政府」。又，因應內容所需，當談論到某個特定政權時，也會視適當情況，以「李登輝政權」、「馬英九政權」、「國民黨政權」、「蔡英文政權」、「民進黨政權」等稱呼。

第一章

當不了「台灣人總統」的馬英九

馬英九為何失敗？

台灣，總是會受到美中關係所震盪。誠如研究兩岸關係的資深觀察家、共同通信社前社論主筆岡田充所言，「美中台的三角形」若是安定，台灣的情勢也會隨之穩定。就這點來看，馬英九確實表現得很不錯。

對我而言，二〇〇八到二〇一六年——亦即由國民黨與馬英九執政的這八年時間——其實一直有個謎，令我苦思不解：在這八年中，兩岸關係改善、美國感到安心，台灣和日本之間的關係也不差；除此之外，台灣也和新加坡、紐西蘭簽訂了一直念茲在茲的自由貿易協定（ＦＴＡ）。那麼，既然如此，為什麼馬英九在台灣人眼中的評價還會這麼低呢？

總之，整整三年的時間裡，我一直問台灣人「為什麼馬英九的支持率這麼低」，大家卻都只是這樣回應：「這麼理所當然的事情，你現在還要問嗎？」然後露出一個苦笑，不做正面的答覆。二〇〇八年民進黨敗北的時候，大家不是說，因為「中國和美國捨棄了陳水扁」，所以才把手中一票投給馬英九嗎？那麼，現在既然中國和美國都沒有捨棄馬英九，照道理說，馬英九的評價應該更高才對；然而，事實並非如此。由此觀之，馬英九肯定是欠缺了什麼擔任台灣領導人必須具備的「決定性的事物」。

二〇一六年的總統選舉，嚴格說起來其實並不能算是馬英九的失敗，敗北的是身為總統候選人的朱立倫。但我還是想從「馬英九的失敗」來思量，因為我認為，唯有透過這樣的問題意識，我們才能夠追本溯源，找出國民黨大敗的真正原因。

選舉未嘗一敗的男人——馬英九

談到選舉這件事，馬英九終其政治生涯，從來不曾吃過任何一場敗仗。他兩度在台北市長選舉獲勝，總統大選也是兩次都十拿九穩、輕騎過關；就算是黨內選舉，他也從來沒有輸過。簡言之，馬英九在選舉方面是壓倒性的強者。

同樣是擔任國民黨主席的連戰，兩次參選總統都慘遭敗北；親民黨主席宋楚瑜——加上這次——已經是第三度輸掉總統選舉。民進黨的陳水扁也曾在一九九八年尋求台北市長連任時被馬英九擊敗，不過，陳水扁卻拜此之賜登上了總統寶座，政治家的命運，真可說是「因禍為福，成敗之轉，譬如糾墨」（譯注：典出《史記．南越列傳》。）啊！這次當選總統的蔡英文，也在二〇一二年的總統選舉中敗給馬英九，並在先前的新北市長選舉中輸給了朱立倫。

李登輝在一九九六年的總統大選中勝出，不過那是因為他參與的選舉幾乎都是只要出馬就篤定勝選的局勢，所以無從判斷他在選舉方面究竟是強還是弱。從這點看來，像馬英九這樣擅長選舉的政治家，在民主化後的台灣可說是絕無僅有。

閃耀的政治明星

我和馬英九第一次見面，是在二〇〇七年的五月。當時馬英九正騎著自行車從南部直奔台灣本島最北端的富貴角燈塔；那天正好是活動的最後一天。這項活動的名字叫做「鐵馬向前行」，「鐵馬」在台灣是指自行車的意思。

當馬英九終於抵達時，台灣的記者群立刻一擁而上，爭相採訪。當時馬英九究竟說了什麼，我現在已經記不得了，只不過，馬英九看上去帥勁十足的模樣，至今依然強烈留在我的記憶之中。當時拍攝的照片現在還存在電腦的資料夾裡，從他的表情間看到的只有滿滿洋溢的光輝。

關於這場「鐵馬向前行」，我曾經從某位策畫此次活動的馬英九前親信口中聽到箇中詳細經過。那位親信就是著名的作家、在選戰期間擔任馬英九文膽的楊渡。

在「鐵馬向前行」開始前夕的馬英九，正面臨著政治家生涯最低潮的時刻。當時他因為任職台北市長期間的機要費問題，遭到台北地檢署起訴。這是一起有點不講道理的案件，所以馬英九雖然被起訴，最後還是被判無罪。只不過，對於從年輕時代起就是優等生又主修法律的馬英九而言，即使只是遭到起訴、被視為嫌疑犯，也讓他的心裡相當難以忍受。這個時候，不管人家怎麼勸說，馬英九都是一副無精打采的樣子，據說周圍的人也相當困擾。

這時，楊渡忽然靈光一閃，提出了讓擅長運動的馬英九騎自行車縱貫台灣的計畫。一開始，馬英九擔心「萬一途中遭到暴力攻擊，那該怎麼辦？」因此不是很喜歡這個計畫，不過在大家極力勸說之下，他終於同意實行。據說，就從這裡開始，馬英九產生了戲劇性的變化。他原本就喜歡運動，讓身體動起來以後，心情也明顯地有所提升。同時，原本身為北部菁英、與南部民眾多所隔閡的馬英九，透過自行車之旅和人們親密接觸後，曾經「不夠親民」的馬英九，卻自然而然地擁有了「親民」的屬性。

「一開始，馬英九似乎不知道該跟民眾說些什麼話才好，不過我們一再拜託他，請他『好好跟民眾聊聊』；就這樣，在接觸的過程中，他漸漸感到樂在其中，最後好似完全脫胎換骨般，變了一個人。」（楊渡）

這趟鐵馬行的台灣體驗後來開花結果，演變成馬英九稱之為「long stay」的選戰活動。儘管這只是一趟寄宿在南部民眾家中、進行交流的簡單活動，但光是身為北部外省菁英象徵的馬英九願意採取這種行動，就已經足以讓民眾在驚奇之餘也做出善意的理解與回應了。

楊渡如此回憶當時的馬英九：

「馬英九這個人，基本上就是一個『好學生』。只要人家拋出一個新課題，他就會相當熱忱地全力以赴，去熟習這個課題。將他這種性格發揮到最淋漓盡致的，就是二〇〇八年的選舉。『請親近南部的民眾吧』、『請騎自行車吧』、『請在民家住宿散步吧』；不管提出怎樣的請求，只要是對當選總統有益，馬英九都是來者不拒。」

就這樣，馬英九在二〇〇八年的總統大選中漂亮地獲得了壓倒性勝利。不只在原本地盤的

馬英九曾經擁有超高人氣，後來卻完全失去了光環。（作者攝影）

北部，他在南部也獲得了相當高的票數。馬英九的時代來臨了；這個時期的馬英九，要說他「背後有光環」，一點也不為過。

就在馬英九當選的第二天，我有幸獲得機會，成為第一個面對面採訪馬英九的外國媒體人。只是，和中國或俄羅斯不同，台灣的政治家幾乎沒有什麼神祕性可言，因此就算是面晤，只要內容沒什麼新聞性，就不會獲得很大的版面可刊登。不過，我身為記者，還是敏銳地抓住了馬英九所講的一句話，那是我問出一個稀鬆平常的問題：「您希望成為怎樣的總統」時，他所做的回答。當時，馬英九是這樣講的：「我要成為全民總統。」

「全民總統」這個詞彙，用日語並不是很好翻譯。和「君臨所有民眾之上的領導者」有著微妙的不同，它的感覺大概可以說是一種「超越性的領導者」吧？我從這句話中清楚感受到馬英九想要超越國民黨與民進黨、外省人與本省人的區別，成為受所有台灣人尊敬、愛戴的領導者的那種決心。

只是，如今回想起來，馬英九的挫敗，或許從那時候起就已經埋下了伏筆。畢竟，不管怎麼說，在台灣——不，甚至放眼全世界——只要是有選舉制度、實施自由政治的國家，要出現全體民眾都認同的領導者，根本是連做夢都辦不到的事。

以「全民總統」為目標，最後招致失敗的還有另一個人，那就是馬英九的前任——陳水扁。二〇〇〇年當選總統的陳水扁，考慮到少數黨執政的侷限，於是設法吸納國民黨相關人士，組成所謂的「全民政府」，但結果卻只是使得原本元氣未復的國民黨反而因此而氣勢高漲。另一方面，陳水扁在就任之初也曾表示：「我要超越黨派族群，成為全民總統。」可是，因為政權基礎薄弱，使得他只能採取守勢，結果反而漸漸被逼到不得不走回刺激黨派與族群對立的老路上。有鑑於此，二〇〇八年當選時的馬英九，心裡所想的大概是「陳水扁失敗了，但我理應不會失敗」吧！

只是，殘酷的現實是：馬英九這個「全民總統」的位子，並沒有坐得太久——

支持率急速滑落

馬英九作為「全民總統」的時期，只不過維持了一年多一點而已。二〇〇九年八月八日，發生了後來稱為「八八水災」的災難。大量雨水伴隨颱風降下，使得台灣各地不斷發生土石流，高雄的小林村甚至因此全滅，死者不計其數。

這時候，馬英九遭到了嚴厲的批判，批判的焦點在於他根本沒有拿出領導者應有的表現；相對於災害規模日益擴大，馬英九政權的反應則是顯得異常遲鈍。事實上，在台灣，總統只負責外交、國防、國家安全、兩岸關係等事務，至於其他問題則是交給相當於首相的行政院長，以及其下的內閣去處理。所以，關於總統該如何應對風災水災，台灣的法律根本沒有任何規定。

可是，台灣是個過度媒體化的社會，不管總統的權限在制度上為何，作為一種演出，總統在國家面臨危機時，都必須站到最前線才行。忘了這種最基本的台灣政治ＡＢＣ的馬英九，一下子就因為八八水災而瞬間失去了自己貴重的資產——支持率。

「無能總統」、「無能政府」的怨懟之聲充滿了社會，馬英九的支持率從原本的百分之七十馬上遽降了百分之三十到四十，此後更是有減無增。現在想起來，這不能不說是件非常令人遺憾的事情。

就在政府召開八八水災記者會時，我舉起手，向馬英九提了這個問題：

「現在社會上都批評您是『無能總統』，您對此有何感覺？」

儘管知道聽起來會很刺耳，但我還是大膽地提出了這個質疑。毫無疑問，馬英九當然感到相當不悅；只見他苦著一張臉，幾乎是下意識地說了一些岔開話題的言語，然後便結束了這場記者會。

說馬英九是無能總統，當然是有點言過其實；只不過，在民眾的罵聲中，從「全民總統」跌落到「無能總統」，這樣的轉變也未免太戲劇性了。此後，在我感覺起來，馬英九背後的「光環」似乎就漸漸褪色了。

二〇一二年的總統大選，馬英九勉勉強強贏得了勝利。當時他的光環尚未完全消失，而民進黨總統候選人蔡英文和黨內對手蘇貞昌的對立尚未撫平，內部欠缺一股凝聚力。國民黨的選舉情勢看起來似曾一度危急，但在希望馬英九政權繼續執政的美國、中國聯手援護下，馬英九終於成功迎向了第二個任期。

墜落的起點——馬王政爭

在馬英九第二任期開始的二〇一二至二〇一三年前半，儘管支持率偏低，不過台灣社會對馬英九的看法還是處於褒貶互見的形勢。馬英九真正意義上的走下坡，是在二〇一三年的秋天；當時馬英九針對台灣的立法院長王金平發動了意圖將之鬥倒的「政爭」。這場在台灣稱為「九月馬王之爭」的政爭，其理由是王金平有「關說」之嫌。在日本，二〇一六年一月，經濟財政擔當大臣甘利明宣布辭職，一時話題騷然；甘利所涉及的也是「關說」。

對馬英九而言，王金平一直是他的眼中釘、肉中刺。二〇〇五年，兩人曾在黨主席選舉中相互競爭；雖然當時是由馬英九獲勝，不過兩人之間從此就產生了所謂的「馬王心結」。身為外省明星政治家、沿著黨組織一路順遂出人頭地的馬英九，和身為南部本省人、一步步從基層爬上來，最後以立法委員身分抬頭的王金平，兩人既是截然相反的對照，也是國民黨兩大潮流——外省派與本省派的象徵。因此，兩人的爭執在某種意義上或許是命中注定之事。

如果說馬英九在總統任內有什麼時候認真想過要放逐王金平的話，那大概就是二〇一二年的立法委員選舉了。當時他有一個選擇，那就是不提名王金平。但是，被稱為「王金平派」的立法委員們，就當時來說占了黨內立法委員的三分之一到四分之一。因此，身兼黨主席的馬英九，最後在基於黨整體運作的考量上，會認為跟王金平和睦相處才是上策，也是無可厚非之事。

只是，立法院事實上已經被王金平分割出來、自成一國，馬英九期望通過的人事案與法案，無法順利過關的情況也很明顯。從王金平的角度而言，大概會說：要聽取在野黨的意見、謹慎審議方為正軌；可是在馬英九想來，王金平就像是「獅子身上的害蟲」一般，這也是沒辦法的事。因此可以想像得到，馬英九內心長久以來一直等待著放逐王金平的機會。

二〇一三年九月的某個晚上，檢察總長黃世銘突然造訪總統官邸，向馬英九傳達了有關王金平的「關說」疑雲。民進黨在立法院的領袖人物之一、公認與王金平意氣相投的柯建銘，似乎因為希望自己在某案件中不被上訴，所以向王金平請託；之後，王金平打了一通電話給法務部長曾勇夫，後來柯建銘真的就沒有被上訴。

竊聽柯建銘的台灣檢方詳細掌握了這整件事的過程，卻沒有立案偵辦，而是由檢察總長去向馬英九報告說，「有這樣一件事情」。

「秉承上意」的政治文化

關於這起事件，從常識來說有幾個難以理解之處：首先，為什麼民進黨的重量級議員會遭到檢察體系的竊聽？再者，為什麼檢察總長不是向直屬上司的法務部長或行政院長呈報，而是直奔總統官邸呢？

的確，關於竊聽，即使是在今日的台灣，在亞洲堪稱技術頂尖的當局主導下依舊十分盛行。之所以如此，原因是與中國的對立。為了揪出滲透台灣的共產黨間諜，法務部調查局、國家安全局、國防部軍事情報局等各情報組織莫不擁有強力的陣容，而竊聽正是他們有力的調查方法。儘管現在共產黨滲透的憂患已然減輕不少，但是，組織這種東西，一向是只要有能力就會想使用，結果便是民進黨議員之類的人全都得生活在自己電話被竊聽的疑雲之中。這場「關說」問題，無意間也強化了「台灣是竊聽大國」的印象。

再者，台灣的政治文化一直有著「秉承上意」——高層的意向比法律和制度更優先——的傾向。和中國相比自然遠遠不及，不過，即使如此，「權力優先主義」在台灣依然根深柢固。這是長年處於威權主義體制的後遺症。在這當中，自己身為法學博士的馬英九，過去也曾經擔任過法務部長，在法務系統擁有很強的人脈。雖然沒有明確證據可以證明黃世銘和馬英九親近，不過若是沒有特別的信賴關係，那麼檢察總長理應不會直奔總統官邸才對。

說起黃世銘，我個人也有一點關於他的回憶。那是二〇〇八年我擔任《朝日新聞》台北分局長時所發生的事；當時，黃世銘是法務部次長。前總統陳水扁那時候正好因為貪污嫌疑遭到逮捕，我希望能和人在台北看守所的陳水扁進行面對面採訪，於是便向扁辦提出了採訪申請。我想針對前所未聞的「總統犯罪」這件事，親口問問他本人的意見。由於我也曾在陳水扁任職總統期間和他單獨會晤過，因此，出於記者的好奇心，我也想親眼確認這樣一個人從頂點墜落地面的模樣。在台灣，進行獄中訪談的情況也並不罕見，不過，因為當時法院尚未對陳水扁做出判決，考慮到檢方的調查還在進行中，要實現的可能性很低。只是，當時的法務部長王清峰在一場和我們記者團的懇談中曾經表示：「請盡速提出對陳水扁採訪的申請吧！我們的大門一直都是敞開的！」聽了王清峰這番話，我心想機不可失，於是第二天便提出了採訪申請。

接下了我的請求後，扁辦便就接受採訪一事向法務部提出了申請。或許是想利用我的採訪來向國際社會訴求陳水扁遭到不當逮捕吧，總之，我的採訪申請時點遭到了陳水扁方面洩露，變成了一場大新聞，就連分局也被台灣媒體層層包圍、要求採訪。

同時，親國民黨的媒體也開始連日發動反對的聲浪。《中國時報》在社論中主張不應給予《朝日新聞》採訪許可；「中天電視」、「東森新聞」也以「是否該同意《朝日新聞》採訪？」為主，做了好幾個小時的電視談話節目。

就在這場大騷動中，法務部忽然傳來訊息，表示「希望能和您會面」。當我來到法務部時，等在那裡的是該部的第二號人物——次長黃世銘。當時黃世銘開門見山地對我說：「希望您能夠撤回採訪的申請。」原本以為對方一定是要就可否採訪進行討論的我，不由得驚訝地反問道：「要我撤回的理由是什麼呢？」黃世銘說：「要是由我們這邊拒絕的話，您的面子也不怎麼好看吧？」「這跟面子什麼的無關，接不接受都是普通的判斷，你只要回答我就夠了。」一聽這話，我也不甘示弱地頂了回去。

接著，黃世銘小聲說：「這樣一來的話，對您將來的採訪，在很多方面或許都會不太方便喔？」我感到有點不悅，於是回應道：「你剛剛這番話，在我理解起來是一種對新聞報導的施壓。既然如此，那我就把這段對話寫在報導上，沒問題吧？」結果黃世銘說：「不不不，我們完全是考慮到您的立場、為您著想才這樣說的，因此，還請您不要把今天的對話寫成報導。」就這樣，在莫名惡劣的氛圍中，我帶著談判破裂的結果離開了法務部。

後來我向跑法務部線的台灣記者探詢，對方向我解釋說，當時黃世銘所要的是：「法務部長允許採訪的發言是種失言，如果這件事情能夠由自己不起波瀾地擺平，對將來可說是大大加分。」

之後過了一陣子，《朝日新聞》的採訪申請被以「基於押所秩序之考量，未便同意媒體採訪」等理由打了回票，而我的手機則開始屢屢出現明顯雜音，或是電話突然中斷等不自然的通訊障礙。在台灣政府部門工作的友人笑著對我說：「肯定是，你被監聽了唷！」但事實真相如何則不得而知。

有點離題了，不過正因有這段經歷，當我聽到黃世銘直奔馬英九宅邸時，第一時間的直覺反應便是「這的確很像善觀政治風向的他會採取的行動」。然後，馬英九指使自己的心腹——行政院長江宜樺——開除了法務部長曾勇夫。在馬英九親自召開的記者會上，他要求當時人在海外的王金平「回國之後應該好好『給個交代』」，還激烈抨擊說：「這是台灣司法制度最黑暗的一天。」緊接著，他又決定對王金平的國民黨黨員資格施以停權處分，以逼迫王金平辭職。到此為止，在閃電式「解決」王金平這方面，可說一切都按照馬英九的劇本在進行。

可是，馬英九在這裡發生了一個致命的誤算：當王金平提出訴訟後，負責審理的台灣法院判定：即使黨員資格遭到停權，王金平也不必馬上辭去立委職務。（譯注：九月十三日，王金平獲法院裁准保留黨籍的假處分，暫保國會議長的資格。）於是，黨員資格停權與否變成了法庭爭訟的焦點，從而使得「九月政爭」變成長期化鬥爭。後來，法院判定王金平仍然保有黨員資格，這場政爭最終以馬英九的事實上敗北宣告落幕。在整場政爭中，王金平自始至終保持著冷靜寬容的態度，徹底擺出「政爭被害者」的模樣，相較之下，企圖放逐王金平、給人一種「搞陰謀」印象的馬英九，則得不到輿論的支持；在大家眼中，王金平的威信反而變得更高了。

放逐王金平失敗，導致太陽花運動的成功

馬英九在這場「九月政爭」中的失敗，和翌年（二〇一四年）三月發生的太陽花運動的成功，有著密不可分的關係。

關於太陽花運動的內部要因將在本書第五章詳述，在此，我想先就其外部要因加以論述。在我看來，太陽花運動「成功」的最大外部要因有兩個，其中之一就是放逐王金平失敗。學生們占領的場所，正是王金平擁有影響力的立法院；若是行政院的話，想必他們應該立刻就會遭到驅離了吧！事實上，後來學生一度打算連行政院也占領，結果當晚就遭到驅離。然而，只要立法院方面不提出驅離要求，警察也無法採取行動。王金平在這時採取的就是不提驅離，放任學生暫時占據議場的作戰策略。

從王金平的角度看來，焦頭爛額的是馬英九，而不是自己。「復仇」的機會比想像中的還要早到來。王金平一邊和學生對話，一邊爭取時間，藉由自己的權限，和學生間就可能的妥協方案進行協商。結果，服貿協議一案，在設立監督機關、保證審議公平性的情況下暫告平息，學生們也決定撤退。王金平不只獨占了收拾事態的功績，而且也成功掃了馬英九的面子。

馬英九的焦慮

另一個外部要因，在我看來，是馬英九的焦慮。二〇一四年對馬英九而言，應當是個勝負之年，畢竟這年十一月，在預定於中國北京召開的APEC會議上，馬英九很有可能首次以台灣總統的身分出席會場，和中國國家主席習近平達成歷史性的會談，從而樹立起自己的「歷史定位」。雖然馬英九表達出席北京APEC的意願已經是公開的事實，不過他的心理動機則是我的推測；只是，這樣的推測，在我看來是完全合情合理的。

太陽花運動的發端，是始於國民黨相當粗暴急切地推動兩岸服貿協議。事實上，國民黨的急切已經到了不合常理的程度，而下達這種指示的，則是身兼黨主席的馬英九。服貿協議及早過關，不正代表著對中國釋出「善意」的信號嗎？除此之外，我實在想不到任何理由必須急到這種地步了。

這次急切粗暴的行動，付出的代價相當之大。對馬英九個人的不滿、對於和中國過度急速接近的不滿、乃至於對本地就業機會在全球化機制下流失與長期低薪的不滿……在台灣社會中發酵的種種不滿，宛如燎原烈火般一口氣蔓延開來，反過來演變成對於原本明顯屬於違法行為的學生的同情和支持。這種猛烈的燃燒，在占領立法院期間那場為數高達五十萬人的大規模示威抗議中，達到了最高潮。當時正在台灣的我，被示威展現的那種活力所震懾，並感到驚歎不已。在反國民黨的示威中，通常出現的總是一些似曾相識的老面孔，但這天的示威中，卻出現了大量的一般民眾，這是我所不曾見過的。

從這方面來看，不管是「與王金平的權力鬥爭失敗」，或者是「實現兩岸領袖高峰會的野心」，這兩個外部要因，全都是馬英九自己所造成的。因此，雖然這樣說或許有點難聽，不過這完全是他「自作自受」的結果。在這個時點，馬英九政權已經早早陷入了跛鴨化的窘境。二〇一三年九月政爭中，馬英九一度親啟戰端，卻因為策略失當，最終無法成功放逐王金平；太陽花運動時的窘境，正是當時失敗的後果。

九合一選舉，歷史性的大敗

九月政爭、太陽花運動、訪問北京失敗……這一連串事件的總帳，就是二〇一四年十一月九合一地方首長選舉的敗北。在台灣的媒體上，「變天」兩個字躍然而出。儘管這個辭彙有著「世界發生令人驚訝變化」的意味，但對國民黨在此次大選中那種雪崩式的慘敗，恐怕光憑這兩個字還不足以形容之。

在記者會上，只見馬英九帶著滿臉苦澀表情，竭盡全力地回答說：「人民的聲音，我聽到了。」對過去從來不曾在選舉中落敗的馬英九而言，這次的挫敗，應該比自己的敗北還要更加刻骨銘心吧！這是對過去馬英九路線的否定，也就等於對他自己的否定，同時，這也意味著馬英九在二〇一六年的總統大選中，完全失去了主導權。馬英九不得不將黨主席的寶座讓給新北市長朱立倫，他最忠實的心腹、人稱「馬英九政權CEO」的行政院長江宜樺，也辭去了職務；事實上，馬英九時代已經宣告結束了。

這是一場前所未見的大慘敗。在二十二個縣市首長中，民進黨所占的席次從選前的六席，一下子大幅躍升到十三席。不只如此，占全台灣人口七成的台北、新北、桃園、台中、台南、高雄六大直轄市，國民黨原本占有四席，這次卻除了新北市險勝以外，其他五市全都輸掉了。特別是一向被視為國民黨的地盤、也是事實上首都的台北，更是自一九九四年黨內分裂、敗在民進黨的陳水扁手下以來首次失守。

尤有甚者，在台北市擊敗國民黨的人，乃是最初被看做是泡沫候選人、人稱「政治素人」的無黨籍候選人——外科醫生柯文哲。而當初被認為會輕鬆勝選、國民黨元老（前副總統連戰）的兒子連勝文，則是以二十五萬票的極大差距敗北。

針對國民黨大敗的原因，黨內直指「頭號戰犯馬英九」的聲浪四起。這果然是熟知九月政爭、太陽花運動等一連串事件來龍去脈的人，必定會導出的結論。

在這之後又過了一年。直到二〇一五年兩岸高峰會（馬習會）為止，馬英九幾乎是徹底沉潛。這場馬習會本身，對台灣絕對不是壞事，輿論對會談本身，也並不抱持否定的態度。儘管有人對馬英九在政權末期還進行兩岸高峰會這件事做出批判，但真正更大的問題是，馬英九身為總統，卻到最後還在向中國尋求握手，好為自己任期八年的末尾妝點光彩。

「依附中國的政治家」難以生存

在台灣，有一部分政治家接受中國的款待，成為親中政治家，箇中代表大概非連戰莫屬了。連戰因為被視為台灣和中國的聯繫管道，所以也被台灣企業當成重寶。儘管他本人沒有明顯這方面的行為，但是他的家族和親友中，靠著對中貿易大賺其錢的人，也是大有人在。簡言之，他可以說是出生在台灣的「紅色貴族」。除了他以外，還可以列舉出相當多的「小連戰」。然而，儘管這些人靠著和中國的親密關係，在個人利益上獲利甚豐，但在台灣政治圈，他們的得票卻是有減無增。

在台灣的選舉市場上，「和中國往來的政治家」還可以有票房，但「依附中國的政治家」，則就完完全全是票房毒藥了。「往來」和「依附」，這兩者之間的差異實在很難定義，但據說台灣人就是能憑直覺分辨出來。馬英九一開始是以「和中國往來的政治家」之姿登場，但到最後卻飽受台灣社會懷疑，質疑他是不是「依附中國的政治家」？

談到馬英九，我在這裡有個想提筆一書的小花絮；那是關於馬英九的台語。

我在台灣的時候，曾經以個人授課的方式學習台語。我的老師是位台語教育的名家，每週我都會去老師的家裡上課一次。就在上課開始之後半年，某一天，我在老師的桌上，看到一張注滿台語音標的演講稿；那張稿子引起了我的興趣，於是我問老師說：「這是誰的演說呢？」結果老師說，這是馬英九的演講稿。原來，雖然我一直不知道，不過打從二〇〇八年大選前開始，馬英九就已經在跟這位老師學習台語了。

馬英九的台語，經常被台灣反國民黨的人當成是茶餘飯後的談笑之資。「馬英九不會台語」，幾乎已經成了批判馬英九的定型。其實馬英九自己也知道，在選舉的時候若是不用台語親切問候，就無法得到民眾的信賴；所以，他不只跟著老師學習台語，為了在以台語為主流的南部用台語演說，也拚了命準備老師提供的台語演講稿。

事實上，以前破爛到不行、常被人恥笑的馬式台語，漸漸獲得了「出乎意料地流利」、「進步很多」這種正面的評價，而馬英九本人看起來似乎也對說台語樂在其中。即使像馬英九這種中國意識根深柢固的人，在作為政治家時，還是得設法貼近眾人所要求的「台灣人總統」形象；關於這點，我完全能夠理解。

在台灣，「台灣人的總統」這個詞蘊含著很深的意味。國民黨在一黨專制政治時代，意圖將台灣的人們從「日本人」轉變成「中國人」。那時候，「台灣人」這個概念，指的是「中國的一省——台灣省的人」，跟日本人講「東京人」或「東北人」的意思差不了多少。

和中國切離開來的「台灣人」獲得普遍認知與理解，是在一九八〇年代。當時的蔣經國總統說了一句廣為人知的話：「我在台灣居住、工作四十年，我也是台灣人。」接著成為總統的李登輝，在一九九八年的台北市長選舉中，牽著馬英九的手介紹他，說他是「新台灣人」。那時候，李登輝所要表達的是，在台灣生活的人們，不管是像他自己這樣在台灣出生的本省人，還是像馬英九這樣從中國渡海來台的外省人，全都是嶄新的「台灣人」。

在這之後，馬英九學習台語，並當上了台灣的總統。在總統大選的過程中，相信馬英九一定對自己心中應當包含怎樣的「台灣」，又要如何成為「台灣人的總統」，都有過反覆的思量吧！

只是，自從當了總統以後，馬英九不只沒能實現「全民總統」的目標，支持率更是掉到百分之十上下。社會對馬英九的功績給予比較高評價的，也只有促成兩岸關係改善這一點而已。

李登輝（作者攝影）

在這過程中，不知何時開始，馬英九變得試圖在兩岸關係上尋求自己的「歷史定位」。他熱切期望訪問中國，在大選前夕和習近平在新加坡會面；可是，這些功績，不只不是馬英九當初期望達成的「全民總統」之路，更不是「台灣人的總統」之路。如果硬要說的話，那就是將台灣視為中國的一部分、位於憲法框架下的「中華民國總統」之路！

馬英九選擇緩和兩岸緊張，強化對美、對日關係的平衡外交策略，可說是僅此唯一的正確路線；在中台關係、美中關係、日台關係方面，馬英九值得肯定的政策也很多，既然如此，為什麼他的支持率還會這麼低？為什麼在選舉中會大敗？為什麼提起馬英九的名字時，台灣人若不是冷笑，就是搖頭歎氣？為什麼馬英九的光環會消失？

對於這些疑問，現在的我會這樣回答：馬英九之所以在面對自己唯一應當依存的人們——也就是台灣的人民——成為他們所愛的總統這一點上遭到失敗，歸根究柢，還是因為當不了「台灣人的總統」吧？這是我的想法。

蔡英文能成為「台灣人的總統」嗎？

接替馬英九的蔡英文，今後將會成為怎樣的台灣總統呢？

二〇一六年五月二十日就任台灣第一位女總統的蔡英文，她的演說一點都不有趣。然而，儘管不有趣，卻無不在聽者的心底產生迴響。那並不是普通政治家那種宛若放錄音帶般的政治演說，而是用自己的話、認真講出來的言語。

在選戰最後一天的一月十五日晚上，在總統府前集結的五萬人面前為選戰的尾聲增添光彩也好，或是在人稱「歷史性」的壓倒性勝負揭曉的決定的十六日夜晚，對著因當選而歡欣鼓舞的支持者演講也好，聽眾們所期待的，大概都是更加煽動、更加激情，或是更加感動的話語吧！可是，蔡英文卻從頭到尾保持著冷靜沉著；她沒有過多的感情波動，只是淡淡地對支持者表達感謝，並且努力地談著「今後我們該怎麼做」。這只能說的確很有蔡英文的風格，簡直就像面對學生在教書的老師一樣。蔡英文說：「我們不能忘記的重要之事，同時對我們而言也是必要之事，那就是謙卑、謙卑，再謙卑，這是我對各位下的第一道命令。」站在會場一隅，遠遠看著蔡英文小小的身影，聽到她的話，我不禁露出苦笑，心想：「蔡英文果然是蔡英文。」

從台灣開啟總統直選的一九九六年以來，不管是好、是壞，台灣的總統寶座，總是由善於與民眾溝通的政治家所掌握。

李登輝、陳水扁、馬英九；日本人也耳熟能詳的這三人，不論誰都和蔡英文截然不同。可是話說回來，蔡英文也不是那種凡事只會圓滑對應的官僚型人物。蔡英文腳踏實地，韌性十足，堅定不移。儘管看起來一點都不有趣，但也不會讓人隨時為她捏一把冷汗。雖然是超菁英的優等生，但是當然不只如此而已。因此，儘管她登上了總統寶座，但是問起蔡英文的魅力與能力究竟是什麼，長期觀察她的我即便到現在，還是很難說明清楚。

在二〇一一年出版的自傳中描述成為政治家前的自己時，蔡英文是這樣寫的：「直到不久前為止，我還是個在走廊一隅，裝模作樣漫步的學者。我想成為的，只是一個不顯眼、過著安定生活的人而已。」

一九五六年生的蔡英文，她的家族在台灣最南的屏東縣生根立業。她的父親是客家人，是位經營汽車維修廠有成的人物，母親是閩南人，父親的祖母則是原住民的排灣族。換言之，在蔡英文的身上，流著福建、客家、原住民三種台灣本地住民的血液。

在父親「你不需要去跟別人競爭，人家不做的你再做」的教誨下，據說蔡英文從小時候起，就是一個相當用功讀書、腦袋也很好的小孩。當她從台灣最高學府——台灣大學的法律系（跟馬英九總統一樣）畢業後，便前往美國康乃爾大學取得碩士學位，接著又在倫敦政經學院（LSE）取得了博士學位，年僅二十多歲便回到台灣，擔任大學教授。直到這裡為止，她所過的都是如詩如畫般的菁英人生。但是，這時有位律師朋友邀請她代替生病的自己，擔任政府貿易談判的法律顧問；當她接下這份工作後，整個人生也隨之改變。

貿易談判不只需要法律知識，同時也需要談判能力。博學冷靜的蔡英文，在這裡將才能發揮得淋漓盡致。她受到政府重用，成為台灣加盟WTO談判團的首席法律顧問，同時也被任命為李登輝政權的國安會（NSC）諮詢委員（地位相當於內閣閣員）。當時受到中國猛烈反彈的李登輝「兩國論」，起草者也是蔡英文。在陳水扁的民進黨政權下，她擔任負責中國問題的陸委會主委，制定了有限度開放中國交流的「小三通」相關法令，在這之後又歷任立法委員、行政院副院長等職務。

蔡英文加入民進黨的時間出乎意料的晚，直到擔任立委的二〇〇四年才加入。二〇〇八年，民進黨在總統選舉、立法委員選舉吞下慘敗，跌到谷底，黨內各重量級人士對主席的位子全都敬而遠之，蔡英文在這種情況下毅然接下了黨主席一職。二〇一二年她在總統選舉中不幸以些許差距敗給馬英九，一時間暫時離開主席職位，但二〇一四年在準備充分的情況下，再度回任黨主席。同年底的九合一地方選舉中，她領導民進黨獲得壓倒性勝利，並挾著勝利之勢，在這次關鍵的大選中獲得勝出。

我以記者身分和蔡英文初次見面，是在二〇〇八年的時候。當時我還是報社的台北特派員，在報上刊登了一篇訪談的內容，結果遭到蔡英文嚴重抗議；她說，這篇報導和她所講的內容不同，希望我能夠訂正。確實，某些發言的微妙之處，我並沒有充分表達出來，但還不至於到「有誤」的地步。畢竟，在野黨主席的發言，能在報上出現的行數有限，所以我只能盡量地緊湊、精簡，傳達出意思的精髓，然後為了總結，再稍微加上一點筆削。不過蔡英文似乎對此不太滿意，而民進黨在中間斡旋、負責溝通海外媒體的人員也感到相當為難。後來我聽說台灣的媒體也常常接到蔡英文要更正原稿的要求，因此在記者間都開玩笑地稱呼她為「蔡更正」，聞其名而色變。

只要看過前述的那些經歷，就可以理解蔡英文為何如此拘執於細節了。身為國際法和國際貿易的專家，蔡英文可以將英語運用得像母語一樣輕鬆自如（其程度甚至還超過了以英語能力自詡的馬英九總統），需要細膩的國際會議談判，對她而言也是駕輕就熟。在這方面的優秀就意味著，即使將她和亞洲其他領袖等齊觀之，她的實務能力應該也是壓倒性的優越吧！一副眼鏡加上清湯掛麵的髮型，這副造型從孩童時代到現在，完全沒有變過。雖然不是美女，但是笑起來還帶著幾分天真；那張孩子氣的臉跟小豬有點像，所以選舉的時候，小豬玩偶也總是特別有人氣。據說在大學時代，她在男同學之間也相當受歡迎。由於過去曾有過戀人因意外事故不幸身亡的經歷，因此蔡英文到現在依然保持獨身，只和飼養的愛貓一起相依度日。

蔡英文的個性和德國的梅克爾總理說起來頗為相似，而她也曾經表達過對這位總理的尊敬。整體而言，她是個在各方面都無可非議的人，但在以出身民主運動的人士為核心、充滿熱血陽剛氣質的民進黨中，一定會有扞格不入的地方在。當她在二〇〇八年接任黨主席的時候，大家幾乎都徹頭徹尾認定她只是個上來短中繼的角色，任誰做夢都想不到，她竟然會在八年後的總統大選以這種氣勢獲得壓倒性勝利。當時，她有個大家總會提起的綽號——「空心蔡」；之所以有這個綽號，是因為空心菜莖的中間是空的，所以借用它來做比喻，以諷刺蔡英文只會講大道理，卻沒有具體的內容。

可是，我對蔡英文今天的勝利早有預感。那是在二〇一二年的總統大選，蔡英文以些許差距敗給馬英九的那個晚上。當時，她在支持者面前，站在冷冷的雨中，用依舊淡淡的、可是卻抱持強烈信念的語調，發表了一篇至今依然為人傳頌的經典「敗選感言」。針對敗選，蔡英文以明確的口吻說：「你可以哭泣，但不要洩氣。你可以悲傷，但是不要放棄。因為明天起來，我們要像過去四年一樣的勇敢，心裡充滿著希望。」當天在會場聽到這句話的我，確確實實感動到紅了眼眶。這段演說也在中國播送，在中國人之間引起了不小的迴響；迄今為止，中國人對民進黨，一直有著「粗暴的台獨分子」這種刻板印象，然而以這篇演說為契機，這樣的形象可說有所轉變了。

二〇一二年敗選之後，蔡英文一度離開黨，回到民間廣交社會各階層，以期東山再起，這也是相當正確的判斷。她在嚴酷的政治鬥爭中，擊敗了黨內的主要對手——前行政院長蘇貞昌，在民進黨世代交替的課題上，她也成功壓制了黨內的雜音，以韌性十足的態勢不斷推進。「待人沉穩且溫和，但腦袋頑固不懂融通」，這樣的評價曾幾何時，已經被「蔡英文變了」的聲音所取代。就這樣，台灣選擇了一個和迄今為止相比，根本是「異類」的人物，成為他們的領導人。

蔡英文是個經驗甚淺的政治家，在選戰中也會呈現出素人的一面；但就是這樣的瞬間反而讓人看到了新鮮感。蔡英文的攻擊力並不低，但感覺起來還是個以守備見長的政治家。在這回的選舉裡，儘管面對國民黨陣營各式各樣的攻擊，她還是以一貫的冷靜和理性對應，完全沒有失言讓對方抓到小辮子。能夠平安無事守住由於馬英九的不受歡迎、與太陽花運動的成功所帶來的領先優勢，就這層意義上來說，她或許正是最合適的候選人。

可是，複雜的歷史、背景相異的各族群、再加上不利的國際環境，與生俱來擁有這些特性的台灣政治，是個不得不經常面對難題，宛如修羅場般的世界。迄今為止，蔡英文在面對人生中給予的機會時，都能確實地掌握應對，並且積累經驗不斷向上提升，可是，從現在開始，或許她也要面對許多無法輕易得出解答的難題。光輝閃耀的蔡英文在四年後，能夠避免像現在的馬英九這樣，使投票給她的六百八十九萬人覺得自己被「背叛」了嗎？她能夠繼續保持住「優等生」的長處，破繭而出，成為真正的大政治家嗎？

蔡英文能否真正成為「台灣人的總統」，說到底也只能看今後四年的演變了。相較背負著「中國」包袱的外省人馬英九，台灣出身、擁有本省人家族背景的蔡英文，毫無疑問站在比較有利的位置。可是，若是像同樣是民進黨總統且為本省人的陳水扁那樣，結果導致族群對立、社會分裂的話，那麼只會變成又一個不及格的「台灣人總統」罷了。儘管沒必要成為所有民眾都支持的「全民總統」，但若是不能成為非但支持者，就連反對者也願意接受、認可其領導的「台灣人的總統」，那麼要把今後的台灣導向正確且平順的統治，並以此面對中國，可說是難上加難。

前前任的陳水扁和前任的馬英九，兩人都歷經了從「當選的歡喜」到「下台的失望」這種激烈的評價轉變；台灣第一位女總統，能夠不重蹈這兩人的覆轍嗎？

這個答案，只有等蔡英文角逐連任的四年後才知道了。

第二章
台灣與日本

台灣是個「國家」嗎？

在這一章中，我想試著討論「台灣與日本」這個主題。身為日本作家，這是最應該書寫、卻也最難書寫的主題。儘管如此，若是要就台灣進行寫作時，這都是個不能不直面的問題。我在大學的授課和演講中，不時會提到有關台灣的事情；雖然有時只聚焦於我過去所寫作、諸如「蔣介石」或「故宮」之類的特定題目，不過也有不少機會，得以讓我在演講中介紹「台灣」。

在這種時候，我都會向台下的年輕男女們，提出這個問題作為開場白：

「大家認為台灣是個國家嗎？」

舉起手來，表示「認為台灣是國家」的人，大體上總是占了三成左右，至於「不認為台灣是國家」的人，則約占了七成。然而，這兩三年來，我注意到回答「認為台灣是國家」的人有增多的趨勢，這或許正反映了最近日本社會整體愈來愈關心台灣的狀況吧！接著，我又問那些舉手表示「不認為台灣是國家」的人說：「為什麼你們這樣認為呢？」在林林總總的回答中，「沒有加入聯合國」是最多的，其他也有「和日本沒有邦交」、「屬於中國一部分」之類的回答。不管回答怎樣都沒有關係；從這裡開始，才要進入我真正的議論。

我們若要認定「台灣不是一個國家」，就非得設法證明這點才行；可是，「實際上，這是一件相當困難的事。」我向學生這樣說明。

台灣擁有「中華民國」這個國名，也有自己的憲法。它有選舉，會選出自己的總統和立法委員。它有名為「新台幣」的通貨，也有相當精實的軍隊。封面上印著「中華民國」的台灣綠色護照，在國際間通行無阻。它有兩千三百萬、為數不少的人口，在領土方面統治著台灣、澎湖群島、金門、馬祖等地。它收取頗高的稅金，踏實地推動著社會福利，同時也具備方便且完善的健保制度。

在政治學上，根據一九三三年的《蒙特維多國家權利義務公約》，國家成立的條件一共有以下四項：一、領土；二、國民；三、政府；四、國際承認。不管從什麼角度來看，台灣都具備了一到三項的條件。問題在於四、國際承認。台灣並沒有加入聯合國，在外交上也沒有任何一個主要國家予以承認；承認台灣的，主要只有位於南美、南太平洋、非洲的二十二個小國而已。

但是，台灣並非從一開始就一直不受國際承認。台灣現在所用的國名──「中華民國」，是聯合國的創始會員國。直到一九七一年為止，都還是聯合國會員國中的常任理事國。在中華人民共和國入聯的同時，台灣才宣布退出聯合國。日本到一九七二年、美國到一九七八年為止，都與台灣保持著正式的外交關係。順道一提，日本雖然不承認北韓是個國家，但北韓擁有聯合國的正式會籍；因此，即使是在不承認北韓的日本國民中，會以日本政府不承認北韓做為理由，而振振有詞地主張「北韓不是個國家」的人，大概也沒有幾個吧！

像這種狀況，我們該如何思索呢？我向學生如此問道：

以前還在聯合國裡的時候就是「國」，之後退出聯合國就不是「國」了嗎？承認的國家都是小國，就不是「國」了嗎？

追根究柢，「國」到底是什麼？

學生們的臉上浮現出困惑的表情；但就算是我自己，也很難給出一個明確的答案。的確，正如前述，台灣除了國際承認以外，毫無疑問滿足了作為國家的要件。另一方面，在世界上也有許多尚未完全得到國際承認的「未承認國家」，巴勒斯坦是如此，在非洲也有好幾個這樣的國家。承認不承認的差別，不只看國家實際的實力，還要受到國際社會的情勢以及大國的意向所左右。在擁有充分的統治和外交能力的同時，卻無法得到國際承認，台灣，或許正是最好的例子。換言之，國際承認，乃是作為主體的台灣本身所無法解決的問題。

還有，國際承認問題，和生活在台灣的人們自認是活在一個「國家」中、過著每天的日常生活這件事，在本質上並沒有任何關係。至少在這一點上，我們理應時常好好思考才是。

在授課的最後，我總是會用這樣一段話作為總結：

日本政府沒有給予台灣國家承認。可是，日本政府不承認，和「我個人」認為台灣是不是個國家，完全是兩碼子事。不只是台灣問題，對於政府的決定，個人並沒有必要全部遵從。認為台灣是個國家，或者認為不是，全都是各位的自由。只是，大家若是認為台灣不是個國家，那就要有種覺悟與學習，能夠當著眼前的台灣人說：「我不認為你深信是祖國的東西，是一個國家。」台灣這個近在咫尺的鄰居，是可以讓各位好好思考國家是什麼、國民是什麼、國際社會又是什麼，這些基礎問題的絕佳教材。「台灣」這一存在並非單單只是一個符號，而是兩千三百萬人生活在其中的實體。那麼，就請以此為前提，試著從各式各樣的問題意識出發，姑且思考一下有關台灣的種種吧！

一提到台灣就「思考停止」

我之所以會對日本的年輕人說這些話，其實就我本身也有一個理由，那就是我一直在思索著：是不是一提到台灣，日本社會就會陷入明顯的「思考停止」狀態？

之所以會產生這種認知，其背景和我個人的體驗有著密切關聯。

一九九八年，當時正在九州《朝日新聞》久留米分局擔任記者的我，在社內的留學選拔中脫穎而出，得以進行為期一年的中文進修。那時候，《朝日新聞》每年的中文進修名額只有一個，當時我在分局正好遇到一位個性不合的上司，不管是工作還是精神上都十分消沉，所以當我得知獲選時，那種欣喜莫名的心情，至今依然記憶猶新。

按照公司的制度，留學之前首先必須轉任到東京。到達東京後，要在當時稱為「外報部」

（現在的「國際報導部」）的部門待上幾個月，我一邊在這部門裡俗稱「外電」的海外新聞處理課（又稱內勤課）工作，一邊進行留學準備，等到秋天入學的時候，再動身前往中國和歐美等世界各地。原則上，要選擇哪一所大學留學，都是交由留學生自行判斷。我因為大學時代在中國、台灣、香港都有或長或短的留學經驗，所以做了多方面的考量，最後決定前往當時剛剛舉行過總統直接民選的台灣。

因為我對自己的中文能力有相當的自信，所以計畫跳過語言學習，直接前往研究所就讀，然後在一年之內把學分修完，第二年回到日本寫論文、取得碩士學位。我寫了一封信給某位在台灣研究方面相當著名的大學教授，拜託他幫我介紹適合留學的地方。現在想起來，這樣的舉動也未免太莽撞了，一想到就忍不住冒冷汗。不過，這位教授卻相當爽快地答應了我的請求，並將我介紹給台灣大學的教授、後來在陳水扁政權底下擔任陸委會主委的陳明通。於是我來到台灣，接受面試取得了入學資格。

我事前已經將希望前往台灣留學的想法傳達給外報部的上司，當我要去面試的時候，上司也鼓勵我說「要加油喔」。可是，等到我報告自己已經收到台灣大學的合格通知時，外報部長卻突然露出不高興的表情，開口說道：「你真的要去台灣嗎？重新考慮一下會比較好喔！」驚訝之餘的我，不禁據理力爭說：「一開始說沒有問題，結果現在才說不行，這樣會讓人很困擾的！」可是上司卻說：「狀況改變了。整體來說，《朝日新聞》到目前為止，還沒有任何一個人去台灣留學的。」「因為沒有人去所以就不能去，這也未免太奇怪了吧！如果台灣不能去，那乾脆事先把這條規定列出來不就好了嗎？」儘管我竭力反駁，但對方還是沒有拿出具體的理由來說服我。

接下來，這件事就懸在那裡過了好一陣子，然而決定留學地點的最終時間終究毫不留情地逼迫而來。「社內的高層ＸＸ先生會火大喔」、「如果將來還想去中國的話，那就不該去台灣」，社內的前輩也給了我一堆諸如此類的「忠告」。在這當中有一位我素不相識、曾經擔任過中國特派員的資深前輩，將我叫到社內的咖啡廳，如此質問我：

「你知道日中記者交換協定嗎？」

「知道是知道，不過這和留學應該沒有關係才對吧。」

「如果中國認為《朝日新聞》意圖分裂國家、違反日中友好精神的話，你能負得起這個責任嗎？」

事實上，在我感覺起來，一九六四年簽署的記者交換協定，到現在已經幾乎沒有實效性了。（譯注：舉例來說，中國曾經一度據此要求日本各報社關閉台灣分局，不過現在各社依然在台灣與北京都有分局。）只不過，遵從日中「政治三原則」、不涉及製造「兩個中國」的陰謀，這樣的潛規則至今依然束縛著日本媒體。然而，要說我去台灣留學就是某種「分裂國家的活動」，這實在是讓人匪夷所思。當然，我也絕不是為了要搞分裂活動所以才選擇台灣的；我所期望的是提高中文能力、加深學識，為將來的中國與台灣報導做出貢獻。

我愈發頑強抵抗，但鐵了心的上司向我下達最後通牒：「你要放棄留學，還是放棄台灣？這是業務命令，你要選哪一個？」雖然我很苦惱，但還是不想失去留學的機會。於是，基於現實優先考量，我只得放棄留學台灣，轉而前往福建省的廈門大學留學。之所以選在台灣對岸的廈門留學，多少也有一點意氣用事。

當時的我，當然充滿了挫折感。只是，我也隱約理解到，之所以變成這個樣子，原因乃是在於《朝日新聞》「貼近中國」的立場。不過，隨著時間流逝，當我在自己心中客觀回顧這段體驗的時候，我不禁在想：除了這點以外，是否還可以就更深一層的層面，來探討這個問題呢？

姑且不論一九七〇年代，在兩岸交流已經有相當程度進展的一九九〇年代，《朝日新聞》的一名年輕記者要前往台灣留學這種事，理應不會引起中國憤怒才是。然而，《朝日新聞》（裡面我的上司們）卻作出判斷：只要和台灣有關，就會影響公司和中國之間的順暢往來，於是不准我前去留學。說穿了，這完全沒有任何具體根據，只是按照「和台灣有關應該就不行」這種成見去做出的推斷。

說得不好聽一點，日本所謂的「進步派」勢力（媒體、知識分子、政黨等），他們對戰後中國的立場就是：「日中關係＝以日中友好為基礎；歷史問題＝承認日本的過錯；台灣問題＝盡可能顧慮中國的主張」。

以友好方式經營日中關係，是一種外交政策；關於歷史問題，也是屬於個人信念的範疇；可是，在台灣問題上「顧慮中國的主張」這點，並非出於任何自己的主見。事實上，在我想來，這種做法根本無異於「對日本人而言，關於台灣，最好什麼都不要想」、「因為萬一被中國抱怨很麻煩，所以乾脆不要碰台灣比較好」這樣的態度。

冷戰結束後依然持續的「對中國的顧慮」

在東西冷戰時期、台灣還處於蔣家父子獨裁統治下的時候不敢觸及台灣，這樣的立場並非不能理解；然而，當冷戰結束、兩岸關係由緊張趨向緩和，台灣的民主化也開始萌芽茁壯的時候，這種對台灣「無視」、或者該說是「消極」的立場，照理說也應該隨著前提條件的改變，而重新修正才是。

可是，這種在台灣問題上「對中國多所顧慮」的情況，在冷戰結束、台灣民主化後，依然完全沒有改變。結果，我的台灣留學遭到頓挫一事，就我的理解而言，也是和長年以來「對台灣的思考停止」這一問題緊密相連。

關於這種「思考停止」，即使在日本也有許多台灣研究者用各種不同的話語、在各種不同的場合提起這個問題。舉例來說，在台灣學者戴國煇所著的《名為台灣的雅努斯》（一九九六年）（譯注：「雅努斯」是羅馬神話中的門神，據傳擁有兩張面孔。）中，就有這樣一段陳述：

（論為何日本人普遍難以理解李登輝與司馬遼太郎的會談）（譯注：即著名的「生為台灣人的悲哀」會談。）台灣的存在太過渺小，常常隱蔽——或者說得更精確一點是遭到隱蔽——在中國大陸的陰影下；之所以如此，大概是因為傳來的資訊不足這一「狀況」所致吧？

儘管（經過這場會談）說起來多少會有些好轉，但日本人或日本輿論對台灣無視乃至輕視的狀況，根本上還是不會有什麼改變。「台灣盲腸論」（筆者注：這一論調主張，對日本而言微不足道的台灣，乃是可有可無、不甚重要的事物。）依然是潛伏在水面下的暗流，想想也是莫可奈何之事。

在《日經新聞》、《產經新聞》上，以一枝健筆縱橫論述兩岸關係與台灣問題的山本勳，在他與丸山勝對談的書籍《中台關係與日本》中，也有著這樣的陳述：

該說是被共產黨政權強硬的態度——台灣是中國的內政問題，決不允許日本干涉內政——所壓倒呢？還是說對於日本在甲午戰後的五十年間，對台灣進行殖民統治所招致的怨念與反感有所顧慮呢？總之，日本社會在很長一段時間中，對台灣問題都是抱持著禁忌的態度。複雜的歷史、政治經歷導致的精神創傷、心理情結以及政治壓力彼此重疊，使得日本人長時間有意無意地抗拒用自己的眼睛去觀察、用自己的頭腦去思考這個地區的問題；或許，這就是現實吧！

在日本的台灣近代史研究開路先鋒若林正丈，大概是學術圈內最長期直面這個「思考停止」

問題的人了。他將二〇〇四年召開的研討會成果編輯成《中台關係的現實與展望》出版，書中針對日本對台灣的「忘卻」這樣說道：

我認為，「該如何思考台灣」這件事，乃是戰後日本人的思想史、甚或是精神史層級的一個問題。戰後的冷戰架構對日本人的思考做出了許多制約（中略），在這當中，台灣可說是以奇怪的形式遭到忘卻了。因此，在精神史、乃至於思想史上，不管是日本人或台灣人，在我看來都還沒有好好地擁抱「脫殖民地」的體驗。

若林提起的「脫殖民地」問題，我將在本書的終章加以論述，在此就先略表不提。不過，儘管他的說法頗為抽象，但從中也可以聽得出他認為日本人對台灣的「思考停止」（或者說忘卻），已經到了有病的程度。

直抵日本的台灣民主化熱浪

我的「台灣初體驗」發生在一九八八年。當時就讀大學二年級的我，獲邀參加了一場由台灣政府主辦的招待旅行。這項計畫是要集結世界各地的年輕人環遊台灣一圈，並由台灣的學生進行接待。當時蔣經國總統已經過世，由副總統李登輝繼任總統一職。我記得在旅行結束的晚宴上，李登輝還親自到場跟我們一一握手。

我的第二次台灣經驗則是在一九九一年。當時我剛結束在香港中文大學為期一年的留學，對自己的普通話（北京話／國語）進步程度深感危機，因此決定前往台灣的師範大學進修三個月的夏季課程。我自己借了間房間，在企業打工擔任日語教師，過著自給自足的生活；雖然時間說起來很短，卻是一段相當充實的台灣生活。這時候我對台灣產生的好印象，和我後來對台灣問題的關心，有著相當密切的關聯。

當時台灣正在邁向民主化的過程中，報紙上每天都在刊登有關召開「國是會議」、以及該如何拉下老立委老國代的熱烈議論。這是一段光是每天早上閱讀報紙標題，就可以親身感受到台灣變化與活力的時期。這時候最光芒奪目的報紙是《中國時報》。和現在被親中台灣企業收購、完全一面倒傾向中國的內容相對照，當時《中國時報》那種站在自由派立場、生氣蓬勃的報導，實在令人懷念不已。我甚至也曾經一度想過，「希望能在《中國時報》工作」。台灣有許多人回顧過去時，總是異口同聲地說「一九九〇年代的台灣是最好的」，特別是那些資深的台灣記者，更是大部分都如此。這股熱浪終於開始傳到日本，也是始自一九九〇年代。關於這點，我們可以從日本出版的台灣相關書籍進行驗證。

遭到戰後日本輿論界無視的台灣

雖然相當不可思議，不過，戰後的日本確實幾乎完全不曾出版過任何可供一般讀者閱讀、有關台灣的概論性書籍。台灣，是被日本無視，或者說遭到忘卻的存在。日本對台灣的印象也不是很好，不是買春旅行，就是蔣介石和蔣經國的獨裁。或許和重量級媒體不曾在台灣設置據點也有關係，總之，日本一直極度缺乏有關台灣的資訊，長期以來一直持續著這樣的狀態。

首先開始向日本介紹民主化逐漸萌芽的台灣的，是台灣出身的學者。打頭陣的是岩波新書於一九九八年出版、由戴國煇所著的《台灣》；接著在一九九三年，中公新書也出版了伊藤潔撰寫的《台灣》。戴國煇是在台灣知名度也很高的台灣史研究者，至於伊藤潔則是台灣出身、歸化日本的研究者。

這兩本有關台灣的概論性書籍，不管哪一本，直至今日都還有很多值得學習參照之處，而它們在我的書架上也從來都不曾離開重要書籍的位置。值得注意的是，這兩本書的書名都叫做「台灣」；不是個別的主題，而是作為總體的「台灣」，這意味著它們本身具有強烈的啟蒙書性質。因此，就程度上來說，台灣還是距離日本遙遠的存在。

在這段時期的台灣，一九八七年解除戒嚴令、一九八八年誕生了第一位本省人總統李登輝，政治和報導自由化等民主化措施也在陸續進行。接著，一部分日本人開始對台灣的變化湧現關心，對書籍的需求也應運而生。

一九九四年，《每日新聞》的香港特派員上村幸治出版了一本名為《台灣：亞洲奇蹟》的書籍。儘管當時我已經在《朝日新聞》的地方分局擔任記者，但拿到這本書的時候，我第一次有種想去台灣擔任記者的念頭。上村將台灣和平進展的民主化看成一場「美夢」，用充滿臨場感、如見其容如聞其聲的筆觸，描述了台灣生機蓬勃的民主化進程。這種令人充滿興味，透過新聞記者之手捕捉台灣積極前進一面的書籍，在之前的日本是幾乎不存在的。上村自己在書中也坦言道：「從前說到台灣，我腦海裡浮現的頂多只是國民黨與蔣介石。（中略）從這種地方出發，想像力根本飛翔不起來。」然而，作為記者，他卻親眼目睹了「就政治上來說，只能稱之為奇蹟的大膽改革」。

不只是新聞界，即使在學術界，台灣研究也活力充沛地不斷成長。「日本台灣學會」於一九九八年成立，在成立紀念研討會的開場上，走在台灣政治研究尖端的若林正丈這樣說：「當某個地區得以在學術研討上成為地區研究的關心對象，那麼，此一對象必定是獨具濃厚個性的地區吧！」——換句話說，在這之前的日本，並沒有那麼廣泛地認知到應該要把台灣當做研究的關心對象；從他的言語裡，可以感受到這種弦外之音。二〇〇一年，若林也在筑摩新書刊行了一本有關台灣政治的概論書籍——《台灣》。

《台灣紀行》與《台灣論》

就在對台灣的關心正方興未艾之際，在日本社會颯爽登場的，是一九九四年刊行的司馬遼太郎《台灣紀行》。再也沒有任何一本有關台灣的書像此書這樣對「日本人的台灣觀」產生重大影響了。邁入作家生涯晚期的司馬，在這趟台灣之旅中，竭盡最大限度的努力，試圖掌握住台灣社會的核心。「鄙人已經年屆七十，在我想來，或許我就是為了寫下《街道漫步》中的這冊《台灣紀行》而生的吧！」「這是我的腦海彷彿被台灣整個填滿的一年。」司馬如是說。他對台灣有著深刻共鳴，相形之下則毫不掩飾自己對中國與國民黨的反感：「蔣介石將龐大的中華民國塞進這座島上，但是如今人人都知道，它已成為虛構的圖騰，而實體就僅有台灣島而已。」他也留下了這麼強烈的話語。

令身經百戰的作家司馬深陷其中的，毫無疑問是台灣長期處於包括日本在內的「外來政權」持續統治之下的悲劇性，再加上這座島嶼朝著民主化邁出強健步伐時所散發出的磁力，這兩者對他產生了作用。深深影響了司馬的「台灣認識」的人，正是李登輝總統。司馬形容李登輝是「宛若大樹直接斧削而成的人物」。我自己也曾經好幾次訪談李登輝，每當這棵笑容滿面的「大樹」帶著笑顏從自家二樓走下來的那一瞬間，我的心跳總是會激盪不已。

若說日本是透過司馬才知道台灣、知道李登輝，這樣的說法一點也不誇張。正如有「老台北」之稱、曾在台灣招待過司馬的蔡焜燦在自著《台灣人與日本精神》中所作的總結：《台灣紀行》這部作品「縮短了台日兩國精神上的距離，蘊育了兩國國民相互親愛的情誼，可說是最棒的『外交』」。

另一方面，若是論及刺激日本社會對台灣理解的書籍，就絕對不能不提及二〇〇〇年刊行的小林善紀《台灣論》。《台灣論》因為其中關於慰安婦的記述在台灣引起了激烈議論，到最後甚至泛政治化、演變成禁止小林入境的事態；但，儘管如此，它的內容還是有很多值得我們學習參照之處，可以當成認識台灣的入門書，也是一本相當優秀的作品。在我擔任台灣特派員的這段時期裡，每當我想抓住某種靈感的時候，首先一定會反覆翻閱《台灣論》與《台灣紀行》。

只是，不管司馬或是小林，在他們來台灣取材的過程中，都是受到以李登輝或者「老台北」蔡焜燦之類的人物為核心——或者說得更精確點，是以接近台灣獨派的一群人為核心——的「親日派」全套款待。我也曾經在多方面承蒙他們關照，基本上，他們每位都是相當有魅力的人物，但是他們對台灣的論點基本上都是同一個調子。因此，單單靠著從這些戰前受日語教育、被稱為「日語世代」的人們那裡學來的東西作為理解今日台灣的方法，不管怎樣一定會有偏聽不足之處，這種負面影響是不容否認的。

在台灣，當擅長多種語言的台灣人切換不同聲道（比如說日語、台灣話、國語）講話時，總會給人一種從內容到人格都改變的感覺。說日語時，是待人無比親和的歐吉桑；說台灣話時，是充滿庶民活力的大叔；說國語時，則變成了略顯客套、還帶點冷冰冰感覺的大人。李登輝的話也是一樣，用日語、台灣話、國語來聽，各自都有著相當的差異。這並非那些「日語世代」有意為之，而是隨著語言轉變呈現出不同的人格，從這方面去思考方為正解。

身為獨特世代的「日語世代」

對日本人而言，和「日語世代」用日語溝通就好像嗑了藥一樣，不只心情舒暢，而且難以自拔。只不過，從另一方面來說，儘管這個世代的感性構成了台灣社會非常重要的一部分，但他們畢竟已經退出了第一線，現在在台灣擔起重責大任的是戰後世代。「日語世代」口中的台灣，包含了一九四七年台灣民眾被國民黨鎮壓的二二八事件，以及白色恐怖的體驗，最後不管怎樣，總是簡單明確地將之歸納成一幅「外省人VS.本省人」的構圖。在這種歸納下，要充分吸收台灣社會所擁有的多元性與複雜性，其實會變得頗為困難。儘管這樣的觀點到現在依然很重要，但光憑這幅構圖，必定會有遺漏與脫落之處：好比說，在日本獲得直木賞的東山彰良（譯注：本名王震緒，出身於台灣的外省學者家庭。）作品《流》的世界中，所描述那種外省人的心理曲折，又或者台灣暢銷作家龍應台的熱門作品《大江大海一九四九》中所描述的世界，都不在這樣的視野當中。所以我認為，在接受「日語世代」諸多教誨的同時，也應該在確實理解他們的經驗之後，設法掌握通往下一步的台灣觀才是正解。

不管《台灣紀行》與《台灣論》的影響究竟有多大，就整體來看，它們對日本方面的台灣理解，無疑是大大的加分。

自一九九〇年代到二〇〇〇年代，日本的知識領域邁入了對台灣進行再認識的時期。在這之後，日本對台灣的關心分別往「兩岸關係」、「台灣經濟」、「認同問題」、「台灣文學」等各個研究領域各自深化，而日本社會對台灣的好感度，也靜靜地，但確實地持續發酵中。

這種日本對台灣的認識，自二〇一一年東日本大震災以來，可說是邁入了一個新局面。儘管在政治上日台關係依然是非正式的交流，可是在國民意識上，日台關係已經升格到了正式的層級，這是可以清楚感受到的事實。

或許是為了盡可能迴避左派貼來的「台灣派」標籤吧，迄今為止，日本人在展現親台感情上，總是得非常小心翼翼；不過，我最近確實有種感覺，那就是說出「我喜歡台灣」、「我關心台灣」時，那種精神壓力比起過去是大幅減輕了。

「由於日本對中的感情惡化，所以對台感情相對上升」，這種分析並不完全是正解。我不否認確實有「因為厭惡中國，所以想聲援台灣」這樣的心態存在，但是，比起這點，台灣逐漸從狹隘的「兩岸關係」之中切離、台灣問題也持續從「中國問題的附屬議題」之中脫出，或許才是更值得一提的重點所在。

關於這個問題，我將在第七章進行更深入的詳細論述。

究竟是「日治」還是「日據」？

在思索「台灣眼中的日本」時，無可避免的議題，就是對日本殖民統治的評價。

究竟該怎麼稱呼日本統治台灣的時代呢？這個問題在台灣其實是個相當令人頭痛又棘手的問題。在台灣，對於日本統治時期有兩種稱呼方式：「日治」和「日據」，不管何者，意思都是「日本的支配統治」。不過漢字有趣的地方就在這裡，「日治」較為傾向強調日本統治的合法性，相對之下，「日據」則較偏向強調其非法性。特別是「據」這個字，給人一種用軍隊強占的語感。日本對台灣的統治究竟是合法？抑或侵略？這個有關本質性價值判斷的問題，環繞著稱呼方式，在台灣不斷被質問討論著。

之所以會這樣，乃是由於台灣社會潛藏的、歷史觀的「龜裂」之故。日本在甲午戰爭勝利，結果使得台灣依據《馬關條約》由清廷割讓給日本。儘管這是在日本和清廷之間締結正式外交公文的決議，但隨著第二次大戰的敗北，這種合法性也遭到了否定。在羅斯福、邱吉爾、蔣介石三人共同出席的開羅會議上，發表了決議要日本歸還「自清廷竊占領土」的《開羅宣言》。在之後的《波茨坦宣言》中，再次重申了「遵守《開羅宣言》」的條件，而因為日本接受了這項宣言，所以從中國的角度來看，質疑「日本領有台灣的合法性」，這樣的邏輯正當性因此得到了強化。

當然也有反論質疑《開羅宣言》是否只是一份（無法律效力的）新聞公報而已？從日本人的

角度來看，甲午戰爭的結果遭到否定，實在是件讓人很難信服的事情。只是，戰爭既然輸了，會失去許多額外的事物，也是可以理解之事。發表《開羅宣言》的時候，蔣介石是國民政府的最高領導者，他所統領的中華民國雖然後來失去了中國大陸，但現在依然存在於台灣。因此，從中華民國的史觀來看，就應該使用「日據」才對。

可是，在台灣，不怎麼苟同這套中華民國史觀的人也不在少數。我們可以回想一下《台灣紀行》中，李登輝對司馬遼太郎所講的那句「台灣受到外來政權所統治」。若是以這種史觀為基礎，那麼西班牙、荷蘭、清朝、日本、中華民國，這些從外界踏足台灣的政治體制，對台灣人而言都等於「外來政權」。既是如此，那麼合法或違法的問題打從一開始就不存在；台灣，就只是走在這樣的歷史上，充滿著所謂的「悲情」而已。既然不管施行怎樣的統治都只是相對評價的問題，那麼何者為善、何者為惡，就沒有一個絕對評價的標準存在。

在我感覺起來，台灣大多數人的感性似乎都傾向後者，但是因為政治體制屬於中華民國，所以從中產生了些許微妙的「偏離」。

在台灣，令人頭大的是該怎樣適當使用「日治」和「日據」這兩個詞。在和人談話的時候，有人使用「日據」，也有人使用「日治」。總體而言，支持民進黨和台獨的人會使用「日治」，支持國民黨和兩岸統一的人則會使用「日據」。在我個人而言，因為覺得配合對方改變稱呼實在很彆扭，所以總是用「日本統治」或「日本時代」來稱呼。這樣一來，不管哪一方都能夠感到中立並接受了吧！

身為日本人，在心情上當然是比較想講「日治」，可是，如果台灣人要說「日據」的話，那當然也非得尊重不可。畢竟，這種連台灣本身都沒有共識的問題，身為外國人、而且還算半個當事者的日本人，理應更沒有置喙的餘地了。台灣的歷史觀與認同問題之間，有著密切難分的關聯，而「日本」問題就像政治的石蕊試紙一樣，屢屢引得各方就自己的立場做出表態，理解這點是相當重要的。

這個問題爭論到最後，結果台灣的教育部決定採取以下的見解：「日治」和「日據」兩種稱呼都可以混著使用，以尊重教科書執筆者的立場為主。台灣的教科書體系不像日本那樣是公定教科書，而是由民間出版社編纂，再由各地方縣市自行選擇要用哪一種。不過，在台灣行政院的公文書上，決定統一使用「日據」這個稱呼。之所以如此，理由乃是「基於中華民國國家主權與民族尊嚴」。在這點上，我們將它視為身為「中華民國」總統，自身也是中華民國體制熱烈信奉者的馬英九個人強烈的傾向，或許比較妥當。在這之後，台灣在新聞報導和出版用語上，雖然感覺起來使用「日據」有些微增加一些，但實際上似乎也沒有太大的改變。在民進黨政權之下，或許這種趨勢又會擺盪回去吧！

日本兩度捨棄台灣

在戰後的台灣，生活在日本時代人們的事蹟，一直是個有點難以捨棄的題目。讓人強烈感覺到這一點的，是二〇一五年台灣最熱門的紀錄片《灣生回家》。這部片不只入圍了台灣的「奧斯卡獎」——金馬獎——的最佳紀錄片，在日本已經於二〇一六年秋天上映了。

所謂「灣生」，指的是戰前在台灣出生長大的日本人。這部電影在日本上映時的片名叫做《故鄉——灣生歸鄉物語》。正如「回家」這個詞語所傳達的，這是一部灣生們回到日本後，歷經戰後七十年，帶著深深感慨，再回到魂縈夢牽的「台灣＝故鄉」的故事。在這部片中，我們可以看見已屆高齡的灣生們，在各自的「故鄉」再次與懷念的人和景色相會，同時訴說著自己對台灣的愛惜、以及戰後的人生。

當我在台北市的電影院觀看《灣生回家》時，我發現觀眾的年齡層出乎意料地年輕，這令我感到相當驚訝。坐我隔壁一個二十出頭的女孩子，從電影開始直到最後都不停用手帕擦著淚水。隨著戰敗，日本政府放棄對台灣的領有權，這時中華民國政府制定了方針，要將全體日本人（台灣稱之為內地人）遣返日本。到了一九四九年，整個遣返作業宣告結束。當時從台灣被遣返的日本人，據說包含軍民共有五十萬人。雖然不在台灣出生，但在台灣長期度過少年期與青年期的人們，也被包含在「灣生」之中。

二〇一七年一月，電影《灣生回家》的監製田中實加，在台灣爆發了經歷作假事件，引發各界一片譁然；然而，電影中所描寫的灣生故事，毫無疑問是真實存在的。

《灣生回家》的價值在於，它在步入激盪時代的台灣近代史中，首度揭示了「在從台灣回到日本後，依舊不忘台灣而活著」的灣生故事。不管是台灣或是日本，從來沒有人提過一九四五年以後離開台灣的日本人，對台灣是如此深深懷念、思念不已。

不只如此，認為日本人「捨棄了台灣」，這種看法在台灣反而廣受認同。在《台灣紀行》中，司馬遼太郎就有描述自己遭到一位台灣老婦人詰問「日本兩度捨棄了台灣」，當下辭窮無語的場面。我記得，當我自己在台灣居住的這段時間中，每次被台灣的老人這樣說，也會湧現一股罪惡感。

所謂「兩度捨棄」，指的是一九四五年和一九七二年；前者是日本因敗戰而放棄台灣，後者則是日本隨著日中國交正常化而和台灣斷交。不管前者或是後者，對日本而言，其實都有相當的程度是身不由己。前者是投降的條件之一，故而約定好放棄台灣；後者則是為了讓日本的國家利益不落後於世界潮流，所以才做出不得不為的決斷。可是，在台灣的角度看來，會想說自己「遭到捨棄」，這樣的心情我也能理解。另一方面，在終戰當時，留在台灣的日本人心中那種「不想離開台灣」的心情，以及那些因為國家既定的命運、而不得不硬被從台灣帶走的人們的故事，在《灣生回家》這部影片中，都有著充分的表達。

這種立足於人性的日台關係，在戰後成了遭到政治化所掩蔽的部分。在國民黨於台灣推行的

「中國化」教育下，「懷念日本」變成了一種「皇民意識」，被認為是應當要克服的對象。即使在日本，統治台灣這一領有殖民地的行為也變成了批判的對象；但是，和國家的領有與放棄原本應當是風馬牛不相及、屬於灣生的「人性的歷史」，卻遭到了忘卻，甚至處於遭到輕視的層面。

就某方面來說，記憶是會隨著環境而蘊育的。台灣人會懷念日本統治時代，有部分是因為國民黨苛刻的統治與鎮壓而強化的，而在日本的灣生對台灣的思慕，也有部分是因為日本敗戰後民生凋敝，和台灣相比顯得更加難以維生，以及日本本土住民對遣返者抱持歧視眼光所致！在戰前，台灣的經濟水準遠遠凌駕於日本的鄉下城鎮之上，在薪資方面給予的報酬也不遜於東京，因此，回到日本的灣生們會懷念台灣的生活，也是毋庸置疑的。

不過，果然還是有個重要的問題，那就是作為「人」的認同，並非必然只由教育和意識形態所形塑；唯有依循每個人所擁抱的切身體驗，才能在真正意義上形成一種認同。

在電影裡有一句令人印象深刻的話：「我好想把（養育灣生長大的台灣東部的）花蓮這片自然與景色，就這樣原封不動帶回日本。」對他們而言，能夠引發這種心境的景色，除了花蓮之外再無別處了。不管經濟富裕還是貧困，也不管國籍是日本或是中華民國，這是作為單純一個人最絕對的體驗。

在影片裡，灣生們異口同聲說：「我的故鄉是台灣。」在戰後的日本，他們一直懷抱著無法向別人說出口、「歸屬於台灣的我」這樣的心情活著。這種感覺在影片主角之一的某位老婦人所說，「自己（在日本），總是有種彷彿異鄉人般的心情」中，表現得相當明顯。在現今台灣的

「懷日」潮流中，《灣生回家》讓人對灣生的想法有著更深一層的了解，並從而產生共鳴，因此使它成為熱門話題之作，實不為過。在戰後的台灣，會有這種日本人最純粹的聲音被訴說出來，也絕非意外。

由舊日本軍人組成的戰後軍事顧問團

日本和台灣的距離，從最近的八重山群島中的與那國島到台灣的東海岸，不過是一百公里而已。過去，日本以殖民地的方式支配台灣；在那段期間，台灣是日本的一部分，因此不存在所謂的「日台關係」。在一九四五年終戰的時候，約有五十萬名日本人生活在台灣。另一方面，根據研究日台間歷史問題的優秀學者何義麟所述，至一九四六年三月為止的第一期，一共有兩萬四千名旅日台人從日本回到台灣；到同年十二月為止的第二期，則有九千六百六十三人回台。同時，仍居留在日本的台灣人還有兩萬五千人左右；由此計算可以得知，在戰前的日本，大約有五萬名以上的台灣人生活在那裡。

一九四九年，蔣介石率領國民黨撤退到台灣，後來，在一九五二年，日本並非和中國大陸的「中華人民共和國」，而是和台灣的「中華民國」，締結了所謂的《中日和約》（譯注：全名為《中華民國與日本國間和平條約》，日方稱為《日華平和條約》。）。這時候，「日台關係」尚未浮出水面，而是由「日華關係」在日本與台灣的關係中扮演主要角色。由於中華民國原本是以大陸為主體，因此位於戰前中日關係延長線上的日華關係這部分，也隨之延續了下去。蔣介石及其身邊的日本留學派，和日本政界以及軍部在水面下的聯結，也是日華關係背後祕史的重要一幕。在這當中，源自岸信介的自民黨清和會（譯注：日本自民黨內最大派閥，近幾任首相包括森喜朗、小泉純一郎和福田康夫都是出自此派，現任首相安倍晉三亦屬此一派系。）與台灣培養出親密的關係，以幫助蔣介石為由渡海來台，支援反攻大陸作戰的舊日本軍人「白團」也隨之而生。

我的著作、聚焦於蔣介石與舊日本軍人之間關係的《最後的帝國軍人：蔣介石與白團》，於二〇一四年在日本付梓。（譯注：台灣則是在二〇一五年由聯經出版。）這本書以報導文學的形式，深入挖掘人稱「白團」、以舊日本陸軍參謀為核心組成的八十餘人軍事顧問團，在戰後以不公開的形式渡海來台，祕密參與蔣介石的反攻大陸計畫建案、國軍再造的軍事教育，以及確立以日本戰時經驗為參考的國民總動員體制，一直到一九六九年為止這二十年間，種種活動的歷史。

關於白團的歷史，過去曾經由一部分的當事者透過回憶錄式的書籍和文集呈現，但是極度缺乏經過史料考證與公正第三者採訪等客觀化作業後出版的刊物。我結合了蔣介石日記、國防大學史料、國史館史料、當事者未公開的日記與筆記、生存者的訪談等各方面作業，就蔣介石的心理層面、軍人們的動機、時代背景，以及日本與中國在戰前的人事交流等持續展開分析，試圖以立體的方式，描繪出放棄大陸、被逼到絕地的蔣介石，為何敢於對曾經作為敵人而戰的日本人委以重任這一事實。

我在取材的過程中發現，白團人員自己意識到的動機多半是「報答蔣介石在日本戰敗時以德報怨、接納日本的恩義」，或者是「幫助國民黨反攻大陸，讓共產黨大吃一驚」之類，對於「台灣」的意識，則並沒有那麼強烈。畢竟說起來，在白團成立之初，他們原本是要渡海前往大陸支援國共內戰的，不過因為國民政府撤退到台灣，所以才將目的地轉變為台灣。正因如此，對他們來說，「日華」的要素要比「日台」強烈得多。

另一方面，日本與台灣之間，從戰前殖民體制的「統治／被統治」關係開始，直至終戰，隨著戰勝國中華民國的接收，其上層結構遂由「日台關係」變形成「日華關係」。台灣並非像朝鮮半島那樣走向獨立，因而使事態變得複雜化；朝鮮半島的人可以用「建國」來「脫殖民地」，但是台灣的人卻是透過「光復」，也就是復歸中國大陸來「脫殖民地」。只是，在日華關係的上層結構底下，其實台灣與日本之間在民間層面的交流方面，依然保有相當深厚的聯繫。當時有許多台灣人通曉日本式的教養與言語，為此，要平順融入日本社會的深處，其實是件可能的事。

這種日台與日華的雙重構造，直到一九七二年日華斷交為止，都是以「日華」壓倒性的優勢在演進；「日台」在政治上被隱而不見，即使在一般人的心裡，也變成必須閉口不提的禁忌存在。此外，在冷戰結構下，中華民國被納入以美國為主體的自由盟邦，與日本同屬一個陣營，兩者的關係於是更加強化了。

可是，日本和中華人民共和國在一九七二年實現國交正常化之後，日華與日台又呈現出另外一副樣貌。對日本而言，日中關係才是正式的，日華關係則是非正式的。結果變成對台灣而言兩者是「日華關係」，但對日本而言則是「日台關係」。由於台灣方面直到一九八〇年代末期之前都還持續主張自己是中國正統政權，因此日華關係都一直存在；但自從一九九〇年代放棄反攻大陸以後，日華關係便從舞台上消失，即使是台灣的當局者，也都普遍以「日台關係」稱之。只不過，台灣的國名依舊是「中華民國」，所以日台／日華的雙重構造，也依然一直持續下去。

日台與日華的雙重構造

不過我在想，這種雙重構造，是否就等同於戰後日本的台灣關係呢？日華和日台絕非零和遊戲，它們的關係就有如底片的正片和負片，到一九七二年為止，日華是正片，日台是負片；而自一九七二年以降，則變成日台是正片，日華是負片，大抵如此。只是，隨著現在「中華民國的台灣化」逐漸推進，日華與日台的分界也變得不是那麼容易分辨了，這種趨勢是我們不能不去思考的。

讓我們將目光慢慢朝著現代移動。日台關係的幾個重大轉捩點，分別是一八九五年的台灣割讓、一九四五年的終戰、一九五二年的中日和約締結，以及一九七二年的斷交。這時所形成的「七二年體制」，直到二〇〇一年李登輝訪日才被撼動，台灣與日本之間的平衡再度動搖。

我以記者身分初次針對台灣問題取材，正是關於李登輝訪日的問題。現在想起來，這是日本戰後外交史上值得大書特書的一件大事。隨著輿論四起，外交方針徹底遭到了顛覆；這個在日本史無前例的問題，讓一九七二年日台斷交以來，日本與中國始終保持默契、刻意控制的台灣問題，瞬間面臨遊戲規則的崩解。

李登輝訪日的幕後

就在我擔任《朝日新聞》東京本社的外報部記者、以記者來說還是個半生不熟菜鳥的二〇〇一年，我被下令去追逐李登輝的訪日行程。就在李登輝出發的前一天，我飛抵台北，和他搭乘同一班飛機。因為李登輝和日本政府在事前有「不在日本從事政治活動」的約定，所以記者能夠取材的唯一機會，就只有在他入境日本之前，換言之，就是在飛機內進行取材。從當時還以蔣介石的名字為名、稱為「中正國際機場」的桃園國際機場起飛後不久，我們這些日本和台灣的同行媒體記者，便被叫到了位在頭等艙的李登輝座位處。詳細的談話內容我已經記不太清楚了，但是當時李登輝喃喃自語的一句話，我卻直到現在都還記憶猶新。李登輝是這樣說的：

簽証啊，終於（やっとこさ）下來了咧。

對台灣日語世代了解尚且不深的我，聽到這句話，有種微微被電到的感覺。「やっとこさ」這句方言，在令外國人驚訝不已的同時，也讓人對李登輝不禁湧現起同情之意。如今回想起來，我應該是漂亮地掉進了李登輝「連日本人也能呼攏」的話術之中了！我在這裡並不是要批判李登輝，畢竟，讓對方抱持好感是作為政治家最重要的技巧之一。一般而言，記者對取材對象抱持好感，其實也未必是件壞事。只要不失去冷靜的判斷，記者在感情上也是有著好惡的自由；相反地，從這種情感蘊育出筆端的靈感，這樣的情況也是屢見不鮮。

關於是否發給李登輝簽證，日本的輿論呈現正反兩極化的態度。高唱反對意見的是河野洋平外相，以及外務省亞洲局長槙田邦彥（頭銜為當時的職位）。槙田是位上唇蓄鬚、沒什麼官僚習氣、以豪放磊落著稱的外交官，同時也是反對發放簽證派的急先鋒。贊成一方包括了森喜朗首相、時任官房副長官的安倍晉三，以及外務副大臣衛藤征士郎。至於官房長官福田康夫與外務次官川島裕，則抱持著中立的立場。從這份名單可以看出，掌握關鍵的政治家，除了河野以外全都是「清和會」的成員。清和會乃是自與蔣介石擁有深厚交情的岸信介以來，一直承繼著親台灣傳統的派閥，這時候是森政權的末期，同時也是自民黨的整體權力架構從舊田中（角榮）派的經世會轉移到清和會的權力轉換期。若是在身為日中關係最大後盾的經世會全盛時期，恐怕就不可能發放簽證了！

在這當中，槙田是和經世會的政治家來往密切的外交官。相對於森與安倍，槙田主張說，發給李登輝簽證，並不像台灣方面講的是人道問題：「絕對不能小看李登輝這個人，他是為了台灣獨立的目的才這樣做的。」另一方面，相較於槙田的想法，輿論則是傾向「明明只是一個已經卸下總統職位的人要來日本治病，為什麼要這樣阻撓呢？」森派也始終堅持立場，認為「這是人道問題」。

最終促使原本中立的福田官房長官同意發放簽證的，是《朝日新聞》社論的決定性一擊。當時，除了《朝日新聞》以外的主要報紙，都已經表態支持發放簽證。最後，身為「親中」代表的朝日，在四月十二日以〈儘管政治活動會造成困擾　仍應給與李氏簽證〉為題，寫下了這樣的內容：「若是在通常的入境管理規範下沒有問題的話，那麼發給（李登輝）簽證乃是自然之事。」於是，福田向槙田傳達說：「全部報紙都支持了，我也只能作出這樣的決斷了！」

身為李登輝親信的台灣企業家彭榮次，針對當時被視為關鍵人物的福田康夫反覆進行了相當積極的遊說工作。儘管福田現在被視為中國最信賴的政治家之一，不過他的父親——前首相福田糾夫——則與台灣十分親近，福田自己年輕時候也曾多次造訪台灣，和台灣的因緣不淺。彭榮次後來在馬英九政權底下出任對日窗口機構「亞東關係協會」的會長。

李登輝簽證問題的重要性，乃是在於它是對束縛日本政治、輿論、媒體將近三十年的「七二年體制」，大聲說「No！」的瞬間。

證明這點的瞬間，就在二〇一五年來臨了。這年七月，李登輝訪日，在眾議院第一議員會館舉行演講。那裡雖然不是國會本身，但也是作為國會準象徵的場所。二〇〇一年時「李登輝除了生病以外不許前來日本」的日本政治，至此產生了徹底改變。李登輝當時是不是打算裝病來叩關，這點其實沒有證據；不過，為了達成目的，連自己的病都可以拿來活用，這樣的政治技巧，除了讓人咋舌之外再無其他可言了。從這層意義上來看，中國政府當初指責日本「判斷錯誤」，就中國本身的立場而言並不是無事生非，而槙田的反對，就結果論而言也可說是看透了會有這樣的「將來」所致吧！

自一九九〇年代以來，在日本也出版了許多關於李登輝的報導和書籍，可是像這樣子以在全體日本人面前露臉的形式登場，則是自這次二〇〇一年的簽證問題伊始。今天，李登輝已經變成在日本最受尊敬、書籍最暢銷、演講最能聚集人潮的海外政治家，而這一切毫無疑問全是李登輝打破「七二年體制」的結果。

兩情相悦的日台，以及中國

我在第一線取材觀察日台關係的時期，主要是在二〇〇〇至二〇〇八年的民進黨政權，以及二〇〇八至二〇一六年的國民黨政權。在這十六年間，日本與台灣的關係，就整體而言是不斷平順往前推移的時期。二〇〇八年，陳水扁政權曾經說「日台關係乃是過去以來最佳」；二〇一六年時，馬英九政權也這麼說。要說到底何時比較「良好」？因為在這個時點上受到國際情勢左右，有很多沒辦法說出口的地方。不過就我的感覺，陳水扁時代的日台關係，雖然在推動官方管道的交流與協定時會受到中國強烈的壓力，因此多有困難，但是日台兩當局的信賴關係則有相當深刻的聯結，高級官員之間彼此分享情報以及會面的情況也相當積極。

作為日本對台窗口的交流協會，即使在駐台的眾使館當中，也是出類拔萃、最能深入且正確獲得政權內部情報的機構。這點在台北外交界蔚為話題，甚至也有某外國公使拜託我，問我「是不是能告訴他一點交流協會擁有的情報」。民進黨對日本抱持著善意，日本對民進黨也有好感，兩方可說處在一種暗暗相思的狀態。

國民黨的馬英九政權上台後，日本政府和台灣方面的溝通管道一下子削弱不少。不過，在馬政權底下，兩者的關係還是吹著順風。馬政權改善對中關係，結果反而使得日本跟台灣之間的往來更加順暢。之所以如此，是和兩個要素有關：第一是中國因為顧慮台灣，所以難以對日台關係做出過度的批判；第二則是因為尖閣群島（釣魚台列島）等問題，使得日中關係急遽惡化。

對於日本和台灣親近，中國不管是在感情或理論上，感覺都不會太舒服，這似乎已經深深烙印在中華人民共和國的DNA當中。可是在此同時，中國對於日台關係找碴式的批判，似乎也還是相當有節制；畢竟，這樣做會使得他們煞費苦心營造回暖的兩岸關係再次冷卻。二〇一三年，日本和台灣簽訂「日台漁業協定」的時候，中國想當然爾是滿肚子火，但他們也沒有指名道姓批判台灣。美國決定供應台灣武器的時候也是如此，如果這些事情發生在陳水扁時代，中國一定會點名批判台灣，但自二〇〇八年馬英九執政以來，他們就只批判美國。

除此之外，日中關係的長期惡化，也讓日本在政策層面上想要「在戰略上活用台灣」的聲浪日漸高漲。因此，儘管在外交上不能做得太露骨，不過日本還是用各種手段，向台灣釋出自己的「善意」。

一個簡單可以理解的例子就是授勳。對海外人士的授勳，基本上是由當地的駐外使館推薦來決定。換言之，透過日本對台窗口——交流協會——的推薦，台灣人士陸陸續續得到了日本的授勳。

日本自一九七二年和中華民國斷交以來，有很長一段時間沒有對台灣人授予勳章，另一方面對中國則是持續這麼作。這很明顯就是「國交之有無」帶來的差別待遇。事情的變化發生在二〇〇五年春天，當時，日本政府頒贈「旭日中綬章」給前台灣日本語教育學會理事長、東吳大學客座教授蔡茂豐，以感謝他長年在日本語教育上的貢獻。同年秋天，日本政府也對台日經濟貿易發展基金會的李上甲理事長頒予「旭日中綬章」。

此後，授勳對象日趨廣泛，位階也逐漸升高。二〇一二年，統領台灣第一大金融集團——中國信託商業銀行——的辜濂松，以及長榮集團的創辦人張榮發，分別獲得授予「旭日重光章」。此後，每年都會有七、八人獲得授勳。仔細檢視這些受勳者的名單，會讓人感到非常有趣。二〇一五年秋天獲授「旭日重光章」的彭榮次，正如前述，是李登輝訪日時在幕後奔走的重要人物。同樣以親日派經濟人著稱的奇美實業許文龍，也獲授「旭日中綬章」。另一方面，二〇一五年獲授「旭日重光章」的江丙坤，則是在馬英九政權下作為對中國窗口、站在兩岸融和最前線的人物。李登輝時代的前駐日代表許水德，則是得到了台灣人曾經獲得最高層級的「旭日大綬章」。

順道一提，在司馬遼太郎的《台灣紀行》與小林善紀的《台灣論》中，以「老台北」身分登場的蔡焜燦，也在二〇一四年獲授「旭日雙光章」。我在台灣的時候，也承蒙老台北多所關照。他不只好幾次帶我去享受台灣美食，當我卸任歸國的時候，還為我召開了盛大的送別會。

從這裡呈現出來的是，不管是國民黨、民進黨或是獨派，只要是與台日交流或外交有貢獻的人物，都給予授勳這種「禮物」，這是日本政府在戰略目標上企圖強化與台灣整體關係的手段。日本對台灣不能進行「外交」，故授勳可以說是在「非外交」部分少數可以利用的工具之一。另一方面，日本對中國人授勳的數量和位階，最近和台灣相比，則是顯得相形見絀了。

由民間交流往正式外交的轉換期

今後，民進黨政權下的日台關係會如何發展呢？最初的一兩年，日本政府大概會採取謹慎對應的態度吧。最近，日中關係處於較為穩定的基調，因此日本也不會想在此時作出刺激中國的舉動。只不過，就基本上來說，民進黨政權與自民黨的安倍政權，兩者的相合程度並不差。除此之外，相較於親日或親台，兩邊都是親美政權，這一點則更加重要。在美國重新調整的亞洲平衡政策中，台灣的戰略重要性日益增加；因此，這種重視台灣的意志，在日本的政策決定運作中，將會變得更具分量。在這種狀況下，我很難想像日台關係會朝著負面方向發展。

日本和台灣的關係，乃是一種非官方的關係。試著詳細說明的話就是，伴隨著日本與中國的國交正常化，日本承認中華人民共和國政府為中國的唯一合法政府，對於中國政府主張「台灣是中華人民共和國領土不可分的一部分」的立場，給予充分理解和尊重，並且堅持基於《波茨坦宣言》第八項的立場。同時，日本和台灣間則維持著「非官方」，亦即民間層次的經濟與文化關係。打著「經濟與文化」的名號，台灣的駐日機關，使用的是「台北駐日經濟文化代表處」這種不可思議的名稱。台灣派遣到日本的「大使」，亦即駐日代表，每天都為了台灣的外交拓展煞費苦心。和「台北駐日經濟文化代表處」對等的「交流協會」（ＬＡＪ）也是民間團體，但是它實際上是外務省的外圍團體，其幹部也大多是外務省的退職人員。雙方都戴著名為「民間」的手套相互握手，但手套裡面裝的是「官」，這是任誰都知道的事實。

這種曖昧的「半官半民」領域將如何擴大，乃是現在日台關係不變的現實目標。過去，台灣一直盡可能努力地凸顯「中華民國」的存在，但最近則是盡可能讓「台灣」廣為呈現；在這當中，並非「日華」而是「日台」的部分，其活力著實在增長之中。「日本和台灣僅限於非官方接觸」這一嚴格適用的規範，或許也到了應該修正的時期！儘管不能達成領導人階級的訪問，但閣員層級的往來，我想應該會有某種程度上的緩和。畢竟這是個日中關係、中台關係和過去相比，整體而言顯得安定許多，而且日台民間交流也是前所未見生氣蓬勃的時代，既然如此，再往前邁進一步，不也是件好事嗎？

第三章

台灣與中國

十年一輪，兩岸攻守互換

中國和台灣的關係，乃是以十年為一循環，彼此攻守互見。一九八〇年代在鄧小平的改革開放下，中國以猛烈之勢迫近台灣，台灣的蔣經國則是以「三不政策（不接觸、不談判、不妥協）」慎重地防衛與對應。時序邁入一九九〇年代後，隨著民主化，台灣的國際形象大幅提升，再加上李登輝的「積極外交」，整體而言，台灣是處於主動的一方。相形之下，中國則因為無法擺脫天安門事件的陰影，再加上一九九六年台灣總統選舉時舉行飛彈演習等事件而惡名昭彰，被動應對的情況較多。

二〇〇〇年以降，狀況又有了大幅轉變。隨著中國崛起，台灣在經濟上被中國牽著鼻子走，主導權也轉移到中國。台灣的有力人士紛紛前往中國訪問，也使得中國在台灣的權威似乎一下子提升不少。這是一個不管在經濟、軍事、國際影響力等各方面，原本一向分庭抗禮的兩岸天平倒向中國一方的時期。台灣自二〇〇五年左右以後，民進黨的勢力衰退，和中國親睦往來的國民黨則恢復了元氣。

二〇一〇年以降的台灣，「台灣認同」的抬頭逐漸轉化成此地政治的決定性要因，二〇一四年的太陽花運動以後，中國似乎又處於防守的狀態。表面上中國從容不迫，認定「台灣早晚會發現自己需要中國」，但實際上內心卻是焦急不已。隨著太陽花運動的成功，以及國民黨在二〇一六年總統、立委大選慘敗，不管中國願不願意，他們都有必要重新修正一直以來的台灣政策！

台灣問題是中國的核心利益

那麼，「台灣和中國」究竟是怎樣的關係呢？親子？兄弟？他者？說到底，巨大的中國與渺小的台灣，為什麼能夠「相提並論」呢？畢竟，在人口上是中國的十三億人對台灣的兩千三百萬人，不管是從規模或國力上來說，完全都是不對稱的關係。

只是，在此同時，兩岸關係乃是非常重要之事，這點幾乎已經是全世界的共識；也正因如此，我們必須密切注視其動向才行。

不管怎樣追逐每天的新聞，有些事情還是很容易忘記，那就是「為什麼中國視台灣為自己的領土？為什麼中國對台灣一直如此固執？」這些根源性的問題。中國之所以根深柢固地硬要把「台灣問題」納入基本國策當中，說到底，其實就是對這些問題的一個回答。

最近中國常常使用「核心利益」這個辭彙。和西藏問題、維吾爾問題（新疆問題）一樣，台灣問題對中國而言也屬於「核心利益」。換言之，在中國的國家戰略上，台灣問題可說占了一席特別的地位。

要理解台灣的「特別」之處，只要知道中國對台灣問題的處理方式，就能迅速明瞭。中國從省、市到縣，每個層級一定都設有所謂的「台灣事務辦公室」。這是處理所有關於台灣問題的部門，甚至連遠離台灣的四川省與西藏也都有。居於這些台辦頂點的，是國務院台灣辦公室（國台辦）。國台辦的領導者（主任）相當於閣員級，是個非常重要的職務。另一方面，在許多一流大學中多半設有台灣研究所以及台灣研究中心。在人民解放軍等軍方系統裡，也存在著同樣的組織。

負責統合這個有關台灣問題、龐大的行政與學界網絡的，乃是「共產黨中央對台工作領導小組」。這個軍事色彩濃烈的組織起源於一九五〇年代，當時是由軍方主導的組織。自鄧小平高舉「兩岸和平統一」以來，這個組織的軍方主導色彩漸漸淡薄、性質也產生了轉變。自江澤民以後，皆由歷任總書記擔任領導一職，現在習近平也是這一小組的領導者。儘管小組的辦公室和國台辦設在一起，不過在台灣問題上，這個小組的存在，本身就意味著台灣對中國的重要性。沒錯，中國正是從很早以前，就已經擺出了「以舉國之力解決台灣問題」的態勢。

近代中國始終深受列強侵略所苦，為了洗刷民族的屈辱，必須發動革命打倒清廷，建立嶄新的中國；以此意識形態為基礎，誕生了國民黨與共產黨。作為屈辱象徵的起點，正是一八九五年甲午戰爭的敗北與台灣割讓。儘管清廷割讓台灣一事在國際法上是相當合法的行為，但就國共今天的歷史觀來看，這是日本侵略行為的結果，也是不當奪取的事物。

當香港和澳門從英國、葡萄牙手中歸還的時候，中國人歡喜地用「回收（取回）」兩字來形容，感覺就像是重新取回被他人奪走的身體一部分一樣。「取回」這種行為最重要的關鍵就在台灣。先香港，後澳門，接著是台灣，收復失地的故事，已經被銘刻成中國建國故事當中的一節。

日本人對中國擴張領土的野心抱持著相當程度的警戒，但其實中國不管是大原則或是實際行為上，對於「新領土」的野心並沒有那麼強烈。這點也呈現在他們和俄羅斯以及中亞諸國間，就國境交涉方面比較冷靜且務實的對應態度上。他們所拘執的，不是「擴張」，而是「取回」。對中國而言，台灣和尖閣群島都是在這個「取回」的邏輯下，才會變得如此重要。

名為「台灣乃固有領土」的新想法

台灣乃中國「固有的領土」這種想法，其實原本並不是中國社會的共識。當台灣總督府在一九三五年舉辦「始政四十週年紀念台灣博覽會」時，蔣介石就曾經派遣福建省主席陳儀致贈賀詞，此舉無異於是承認日本對台灣的統治。毛澤東也在一九三六年對美國記者埃德加．斯諾作出這樣的發言：「如果朝鮮人民希望掙脫日本帝國主義者的枷鎖，我們熱烈支持他們爭取獨立的戰鬥，這點同樣適用於台灣。」換言之，他是站在「聲援台灣獨立」這個耐人尋味的立場上。中日戰爭期間，蔣介石和毛澤東也都支持台灣從日本分離，不過並沒有觸及和中國的統一議題。

然後，在一九四三年的開羅會議上，將台灣歸還中國成為「國際公約」，從此「固有領土」理論才定於一尊；直至今日，收復台灣已經到達了「民族與歷史的使命」這種神聖不可侵犯的高度。

問題是，中國人的這種情感，台灣人未必能夠共享之。台灣多數人口原本都是來自福建、廣東的移民，是在漢民族文化下蘊育而成的社會。他們的言語是中國方言，吃的是中華料理，婚喪喜慶也都是採取儒教作法。只不過，在另一方面，清廷不過是從十七世紀下半葉才開始統治台灣，自清朝末年起又有五十年是置於日本的統治下；國民黨直到接收台灣的一九四五年為止，從來就沒有統治過台灣；更不用說共產黨了，他們甚至連台灣的土地都沒有踏上過。因此，要台灣人對這些人抱持的情感產生共鳴，說起來實在是很沒道理。同時，這世界對台灣人的內心也都抱持著冷漠不理的態度，不管是中台分離、美中爭執、東亞的火藥庫，或是海上航路的要衝等等，都只是在某種引力驅使下，用大框架硬套在台灣身上而已。

二〇一五年十一月，兩岸領袖高峰會在新加坡閃電舉行。中國的習近平國家主席與台灣的馬英九總統會談的畫面，成了世界級的大新聞，不僅是日本，就連歐美等地的各大報紙，也都以頭版報導了這次會談，而我自己也寫了很多篇報導。可是，我忽然轉念一想：為什麼這會是世界級的新聞呢？在寫報導的時候，這實在是個很難掌握清楚的地方。畢竟，再怎麼想也不可能因為這兩人的會談而使「兩岸統一」有什麼突破性的進展；當然，獨立也是一樣，不可能有什麼大動作。而他們兩人協議的結果，也沒有簽訂任何具約束力的文件，甚至也沒有使雙方領導人會面變成常態化。換言之，它的內容就是一整個空洞。

在表示這場馬習會的新聞價值時，通常都會加上「兩岸分斷後六十六年來首度」這樣的開場白。此一前提是，兩岸之間乃是分斷的，而且時間是從一九四九年蔣介石撤退到台灣開始，直至現在一共六十六年。反過來說，正是因為有著「兩岸乃是分斷的」這一認識，才會有這樣一條新聞；如果它們沒有分斷的話，那這件事被當作幾行不重要的鉛字處理，也不怎麼意外了。

日本在戰爭敗北後，隨著接受《波茨坦宣言》而放棄了台灣。從此以後，台灣便被置於中華民國的施政之下。雖說是回歸到「中國」的一部分，但統領中華民國的國民黨，在和共產黨的內戰中敗北逃到台灣，此後便改以台灣為據點進行作戰。就這樣，大陸國共內戰的框架被硬套到了台灣頭上。害怕台灣共產化的美國，在韓戰爆發後封鎖了台灣海峽，使得共產黨無法進攻台灣。自此，直至今日依然持續的兩岸「分斷」便固定了下來。不過，兩者相互依然持續對峙著，而且直到今日也沒有簽訂任何「和平協定」之類的事物；因此，兩者之間的關係，毫無疑問可以說是「至今仍處於『一時停戰中的內戰狀態』」。

如果不事先了解這場中國與台灣的高峰會，乃是基於國共內戰延長線上的分斷這一史實，那就無法充分明瞭這則新聞的意義何在。身為戰爭當事者的雙方領導人會面，正是它的意義所在；若非如此，則人口十三億的世界大國中國、和人口兩千三百萬且未加入聯合國的台灣舉行高峰會談，這種事根本不可能成為世界級新聞。兩岸關係之所以如此受人注目，其實正是因為中國明確表態、對台灣「一步都不肯放棄」所致。中國對台灣的強烈拘執，使得台灣問題成為世界性議題。假使中國鬆口說出「台灣要怎樣都隨他們去」的話，那麼台灣的重要性便會隨之降低，但中國是絕對不會這樣做的。

不只如此，誠如研究台灣政治與兩岸關係的學者小笠原欣幸所指出，台灣問題對中國雖是國內問題，但實際上乃是東亞國際政治的焦點，因此，「中國的對台政策具有兩個特色，那就是它一方面明白顯示了國家戰略的內部邏輯，同時也呈現了中國對外政策的方向。」正因如此，我們可以說，聚焦於兩岸關係，正是為了領悟中國外交的重點何在。這背後就是隱藏著如此重大的意義。

和中國人「再怎麼談都是雞同鴨講」的台灣問題

在我感覺起來，中國人即使人人想法不同，但大體上而言都還是「好好說話就能相互理解」的類型。對於中國政府的壓抑言論，在內心感到不舒服的中國人大有人在。至於環境問題、官僚腐敗、物價騰貴這幾方面，中國人的想法和日本人其實也並無二致。然而，唯獨台灣問題，在日本人和眾多中國人之間完全找不到交集；即使說破嘴也還是雞同鴨講、各彈各的調。

在中國人眼裡，台灣不管怎樣都是中國的一部分，至於台灣人那種「台灣就是台灣」的想法，就他們而言根本不屑一顧。當然個人之間會有差異，不過中國人說實在話並不怎麼鄙視台灣人；相反地，他們對於台灣在經濟上領先大陸的發展抱持著敬意，對台灣本身也帶著一種「寶島」的憧憬。只是，就算這樣，那種「我們是祖國，獨立這種蠢話根本提都不該提」的想法，還是根深柢固烙印在中國人的腦子裡。

儘管台灣也有很多各自抱持不同立場的人，可是受不了中國這種傲慢的台灣觀的人還是相當之多。就算是日本人，對此也感到有種違和感。以我個人來說，因為不想破壞好不容易建立起來的人際關係，所以除了真正非提不可的情況外，總是盡可能地不與中國人談論台灣問題。對中國人來說，西藏、新疆、台灣都是中國的一部分，這是絕無議論餘地的事情。跟日本人認為北方四島和尖閣群島是自己的領土比較起來，中國人在這方面還要來得更加拘泥不通。其理由正如前述，與收復「失土」的概念有很大的關係，可以說是徹底教育和宣傳下的結果。

一國兩制適用於台灣嗎？

就中國而言，所謂兩岸關係的定義是這樣的：「儘管目前處在尚未統一的狀態下，不過台灣仍是中國的內政問題。」此論點的大前提是，「中國乃是包含台灣在內的一個整體」，即所謂「一個中國」論。可是，現實是台灣並不處於中國的支配下；所以，為了解決這個問題，中國提出了「和平統一、一國兩制」的提案。之所以使用「和平」這個辭彙的理由，主要是作為「行使武力」的反面對照。直到一九七〇年代為止，中國都一直主張要「武力解放」台灣。這種毛澤東式的台灣統一論認為，其實中國原本在一九五〇年代就應該已經「解放」台灣，卻因為美國從中作梗，使得台灣問題長期化，因此對美國大加批判。從某種意義上來說，這是相當正確的認知，蔣介石確實是藉著拉攏美國來作為對抗共產黨的盾牌。由於國共之爭與美中關係之間盤根錯結，所以台灣問題也變成了永恆的敏感問題。過去也曾經有一段時間，是「蘇聯的小老弟中國VS.美國的小老弟台灣」這樣的架構，不過自從中蘇在一九六〇年代發生齟齬至今，蘇聯便已不再是兩岸關係中的玩家了。

中國是個相當人治的國度，一旦換了領導人，就會有新的方針出爐。毛澤東式的台灣統一論在鄧小平時代成了過去式，新的「和平統一、一國兩制」登場。若是台灣接受一國兩制的話，就毋須武力統一，這對中國而言可說是很大的讓步。台灣可以維持現行制度、擁有自己的憲法、也能繼續實施統治行為；中國以此為立場，向台灣尋求對話。然而，台灣的蔣經國總統卻高舉「三不政策」加以拒絕。所謂「三不」的意思是三個No，亦即「不接觸、不談判、不妥協」的思維。

這套「一國兩制」，因為後來實行於香港、澳門而大出其名，不過它其實原本是中國為了台灣而量身訂做出來的方法。按照中國的定義，中央政府可以給予地方政府特別待遇，因此所謂「一國兩制」在某種意義上也可說是「一國多制」。在中國境內也有西藏、新疆（維吾爾）、蒙古這些所謂的「自治區」，雖然實際上究竟「自治」到什麼程度實在很成問題，不過就制度上而言，它們和其他省分確有不同，這也是事實。另一方面，中國在改革開放政策之初也設立了「經濟特區」，在深圳和廈門等沿海地區率先引進自由經濟制度。

中國在地方自治問題的歷史上，一向有著「慷慨大度」的對應基礎，就算一個國家裡面有好幾種制度，他們也不會特別在意。畢竟，正因為是個擁有廣大國土、龐大人口，以及驚人的多樣性的國家，所以會有多種制度也是莫可奈何之事。中國人普遍抱持著這樣的感覺。

究竟該走中央集權體制，還是地方自治體制？中國始終環繞著這一點不斷陷入苦惱之中。就算原本是中央集權國家，也有可能隨著地方領袖的實力上升，從而使得王朝陷入衰敗之境，諸如周代、唐代等都是好例子。不過，另一方面，也有像秦、宋這樣，從群雄割據狀態達成統一，建立起中央集權國家的王朝存在。現在的中華人民共和國是以中央集權為目標的國家，卻也有自由認可地方獨特性的一面存在，這大概就可說是「一國兩制」的本質吧！

關於這種「一國兩制」，中國的解釋是：「完全的主權由中央政府所擁有，不過可以給予台灣（香港、澳門）高度的自治。」這意思就是說，儘管主權方面寸步不讓，不過在某種程度上可以放任這些地方照他們喜歡的方式行事。只是，實際情況卻是隨著地區而有所不同。所謂「高度」自治，在意義上似乎是指可以給予比西藏之類的「自治」更高一層的自治。事實上，在香港位居最高領導的行政長官或者議員的選舉，就使用了直接和間接選舉的方式，這是在西藏或是新疆這些自治區所看不到的。過去中國也曾經暗示過，台灣會比香港這種自治的程度更高，可是到底會是怎樣的高法，他們卻連一次都沒有明言過。畢竟，假使要給予台灣「比香港更高的自治權」，那幾乎除了聯邦制以外，再也沒有別的辦法了！

所謂「一國兩制」，也反映了武力解放在實踐上的困難一面。中國的政治和經濟已經完全和世界接軌，這時候若要武力解放台灣的話，先姑且不論能不能稱之為「內戰」，只要進入戰爭狀態，一定會引起美國介入吧！雖說中國偶爾會稍微搖撼一下台灣問題，不過他們也沒有那麼蠢，真的作出武力解放台灣這種胡鬧的舉動。在這個時點，武力解放事實上已經變成了一張「握在手上不打的鬼牌」。在統一真正到來那天之前，就算硬把中國的嘴巴撬開，他們也不可能吐出「不使用武力」這句話，當然更絕不會放棄行使武力。「直到最後一分鐘為止，絕不捨棄和平的希望」，但這「最後一分鐘」指的是什麼呢？照他們的說法，就是台灣獨立、拋棄「一個中國」的瞬間。換言之，只要台灣不真的獨立，其他事情他們大體上都可以睜一隻眼閉一隻眼，這就是他們的立場。

繼鄧小平之後，江澤民、胡錦濤，乃至現在的習近平，這條和平統一路線一直被承續下去。兩岸關係就像改革開放政策一樣，始終走在「鄧小平路線」上。不過，隨著時代變遷，在許多細微之處也產生了些許變化。至少在鄧小平、江澤民的時代，他們還有「統一事業必須盡早實現」的意識在。

江澤民設定了「統一時間表」，來向台灣尋求對話。一九九〇年代前期，香港方面的情報盛傳這個時限是設在「二〇一〇年」。不過，到了台灣民主化持續發展的一九九〇年代後半，或許是二〇一〇年實在是太無理了，於是又變成了以「二十一世紀後半」、或是「中華人民共和國建國一百週年（二〇四九年）」為統一目標的說法。不管企圖實現此一目標的時間為何，總之，在這個時期，中國確是一邊注視著「名為統一的明確目標」，一邊思考台灣問題。

到了胡錦濤時代，統一不再是具有特別鮮明形象的目標，而是散發著濃濃的「長期性課題」

氛圍。時間表也不存在了。沒有了時間表，在中國的時間感當中，統一變成了一種「百年大計」般的事物。由於中國的領導班子接受了「無法輕易統一」這一現實的情勢判斷，因此在台灣沒什麼人氣的「一國兩制」，他們也不太提及了。

不過另一方面，胡錦濤也並非就此袖手不理，而是做了一個非常重要的決定，那就是讓國民黨和共產黨攜手的「國共合作」。說起「國共合作」，或許會給人一種很古老的印象。這兩個政黨自從誕生以來就是兄弟般的存在，卻也是宿敵。儘管他們互相以殲滅彼此為職志，但為了對付日本這個共通的敵人，在戰前曾經攜手展開「國共合作」。當然，現在的「國共合作」在樣貌上有點不同；這次的敵人不是日本，而是台灣的民進黨與獨派勢力。

二〇〇五年，當時的在野黨——國民黨——主席連戰訪問了中國。這場訪問被稱為「歷史性的訪問」，在意義上也確實禁得起這種說法。國共兩黨建立起交流平台（國共平台）以促進兩岸交流，降低台灣產品關稅與兩岸包機定期化等對台灣有利的政策，都透過國共平台陸續實現。「沒有國民黨的話，就沒人能和中國斡旋了」，在這樣的路線鋪陳下，結果是國民黨在二〇〇八年總統選舉獲得了壓倒性的大勝。因此，公平來看，這次「國共合作」，其實可說是個極為有效的政策。

胡錦濤有效的「國共合作」

這場「國共合作」之所以能夠朝著有利方向展開，其原因有二：其一是台灣經濟對中國的依存度加速上升。雖然一般都說陳水扁政權因為「反中」、「傾向獨立」，所以和中國之間的關係惡化，但實際上，兩岸經濟結構在陳水扁任內產生了巨大的變化。在這段時間裡，中國經濟和台灣經濟的融合有了大幅進展。

陳水扁政權剛上台的二〇〇〇年左右，台灣出口的對中依存度大概是二十％至二十五％，但是到政權末期的二〇〇八年，已經接近四十％。這種依存度即使在馬政權任內大體上也只是橫向發展，所以要說對中經濟依存度在馬政權下急遽發展，這種說法是不正確的。說到底，即使在政治對立下，依舊讓兩岸經濟持續接近，這就是中國「以經圍政」的戰略。就算是陳水扁，也無法抑制產經界熱烈渴望前往中國的心願。不只如此，也有一種看法認為，陳水扁本人其實並不像一般認定的那麼反中。他在就任當初便高舉「新中間路線」，和台獨之間保持一定的距離。雖然後來因為推行不順，所以在二〇〇二年發表了「一邊一國論」，不過在這之前，他並沒有展露過絕對足以歸類為「獨派」的言行舉止。

進入馬英九執政時代後，最明顯急遽發展的便是中國觀光客（陸客）以及兩岸往來的常態化。訪問台灣的陸客在二〇〇八年不過二十四萬人，但到二〇一四年已經達到三百萬人，遠遠超過原本居於首位的日本觀光客。兩岸直航在此之前原本只是包機航線，但在這時如同雨後春筍般，在台北、高雄與中國各都市間，陸續設立了相互聯結的定期航線；現在，往來兩岸間的旅客航班已經達到了每週六百七十班。若是從航空路線來看，可以說台灣已經邁向了中國國內航線化。

國共合作另一個成功的要因，乃是陳水扁政權的腐敗、失政與不得人心。

誠如熟諳台灣政治與兩岸關係的政治學者松田康博所指出：「台灣的選民希望尋求一個『跟陳水扁不一樣』的領導者。因此，馬政權可以說是陳水扁路線失敗、以及中國崛起下所誕生的政權。」儘管由民進黨的支持者來斷言陳水扁政權「失敗」多少有點違和感，但若是從結果來看，台灣的選民確實認定陳水扁政權是「失敗的」。這和日本的民主黨執政時提出了不少內容頗有可觀的政策，結果卻被國民認定為「失敗」十分相似。問題在於國民如何看待與接受，這就是民主社會最迷人的地方，也是最令人害怕的地方。二〇〇八年，台灣的選民用選票嚴厲教訓了陳水扁政權，二〇一六年，他們同樣嚴厲教訓了馬英九政權。

對中國的經濟依存，以及民進黨的不得人心，其結果便是國民黨獲得歷史性的大勝。在總統大選前舉行的立法委員選舉中，國民黨一舉囊括了將近四分之三的席次，馬英九在總統大選中也得到了五十八％的選票，這比李登輝總統在一九九六年首屆總統大選當選時的得票還要多。不論是誰，都確實有著馬英九時代到來的感覺，同時也都認為他會仰仗此一強大的支持，積極推動與中國的交流。

正好就在這個時代，胡錦濤的台灣政策也非常能因應形勢。胡錦濤是戰後出生，和前一世代的領導者相比，他在解放台灣的教條上顯得遠遠不那麼拘泥。胡錦濤的台灣政策是以中國的經濟成長為後盾，吸納台灣的經濟界，讓台灣人民知道對中交流有益，並且能夠接受兩岸統一是對台灣最為有利的未來。胡錦濤是第一位沒有擺出強硬表情，而是以微笑面對台灣的中國領導人。當然，胡錦濤平常是個嚴謹耿直的人，也給人一種不苟言笑的印象，不過他對台灣的態度則是相當柔軟。

胡錦濤打出的「胡六點」

在胡錦濤的對台政策中最重要的，乃是發表於二〇〇八年十二月三十一日的「胡六點」。作為占據重要地位的談話，這篇文告毫無疑問是經歷過再三琢磨、反覆推敲的成果。過去在鄧小平時代，曾經發表過所謂的「告台灣同胞書」，江澤民時代也曾打出稱為「江八點」的台灣政策。

胡六點的對台政策重點大致如以下所述：在堅守「一個中國」原則的同時，對台灣參與國際組織採取柔軟的姿態，同時也促使兩岸邁向政治對話，以期「結束敵對狀態，達成和平協議」。在外交方面，胡錦濤則是高舉「和平崛起」口號，不採取太過強硬的路線，在對美關係上，整體而言也是採取比較和順的節制態度。正好這時美國深陷伊拉克戰爭的泥沼，光是處理中東局勢就已經焦頭爛額，因此，對於亞洲基本上是以不惹麻煩為最優先事項。在這方面，中國漂亮地讓美國對陳水扁產生了「麻煩製造者」的印象，於是以可說是美中共同管理的方式，透過美國控制台灣，這項政策也獲得了成功。對過去在台灣統一問題上屢遭美國阻止的中國而言，這簡直是有隔世之感的變化。對中國來說，像這樣能夠不弄髒自己的手來應對台灣問題，或許就是最好的方法了！

作為一個傳統上認為「以夷制夷」乃是最高明戰略的國家，中國在日美關係上，也很喜歡使用「瓶蓋論」（譯注：Cap-in-the-bottle，外交術語，意指美國應當透過駐軍，來抑止日本再次軍備化、造成亞洲不安的危機。）來作為美國應當抑制日本的理由。這種古典的方法同樣也適用於台灣。

將這一手發揮到最巧妙極致的，是在二〇〇八年的台灣總統大選。當時，陳水扁總統以近乎暴走的形式，推動了「是否同意以台灣名義加入聯合國」的公民投票。儘管這是為了一口氣挽回居於劣勢的民進黨選情而採取的「必殺技」，卻引發了中國方面的強烈反彈，就連美方也和中國的憂慮彼此同調，於是決定親自出馬，代替中國擔任滅火的工作。在二〇〇七年九月的APEC高峰會上，布希總統和胡錦濤進行了會談；當時布希總統明白表示反對台灣的公民投票，甚至還說：「預計將會行使（美方的）影響力。」在這之後，美國聯邦政府層級的高官陸續發表了對此事的嚴重關切，同年十二月，萊斯國務卿發出了致命一擊的「警告」，明白指出「入聯公投乃是挑釁政策」。

在台灣，不管哪個政黨，只要是被中國批判，在選舉中都會大大加分，但相反地，被美國批判則會嚴重扣分。還不只如此，造成一種中國和美國聯合出手的印象，這更是致命傷。相對地，國民黨的馬英九反覆呼籲「自己不會像陳水扁這樣，成為國際社會的麻煩製造者」，則是得到了美中兩大國半信半疑的背書與支持。

文字政治

「中台關係」對我們記者而言，其實是個非常難以書寫的主題。畢竟，中台關係的本質就是一種「文字政治」，因此陸續出現了種種複雜奇怪、理解困難的用語，令人苦惱不已。

說起來，「中台關係」這個日本用語，不管在台灣或是中國，其實都是不通用的。他們基本上使用的都是「兩岸關係」這個詞，這個詞的意義，指的是隔著台灣海峽而立的兩岸。台灣或者稱呼中國為「大陸」、又或者稱為「對岸」。在台灣，負責中國問題的組織叫做「大陸委員會」。為什麼不稱為「中國委員會」？主要的原因在於台灣也主張自己乃是「中國」。台灣的國名「中華民國」，若是簡稱可以稱為中國，不過另一方面「中華人民共和國」的簡稱也是中國，所以，把兩岸關係想成是「爭奪中國的正統」，這樣或許就比較容易理解了。

「兩岸」雖然共同擁有「中國」這個略稱，卻各自有著不同的政權。於是，環繞著該如何解決這個問題，在兩岸之間武力解決的可能性愈來愈微弱之後，便展開了激烈的「言語戰爭」。

儘管兩岸關係的錯綜複雜毫無疑問是造成用語難解的主因，但在我看來，要思考這點，還得加上中文圈特有的某種現象才行。中國和台灣都是使用漢字的國度，他們投注於漢字表現上的執念，實在是難以想像之事。儘管日文有所謂「言靈」的概念，但在中文當中，對於言語力量的信仰，感覺似乎更勝於日文。中華民族是個信仰「言語能夠超越歷史、恆久生存」這一概念的民族。短短幾個漢字裡，可以注入本人的想法、從中產生出言語、更能在裡面蘊含著潛藏的訊息，這些都是拿手的好戲。因此，在兩岸關係的概念裡，「言語的戰爭」變成了相當重要的一個層面。

追本溯源，率先開始這場「言語戰爭」的是中國（中華人民共和國），他們要求國際社會遵守「一個中國」的原則。關於「一個中國」的由來，專研中國與台灣現代史的政治學者福田圓在《中國外交與台灣：「一個中國」原則的起源》中有相當精闢的論述，不過在此僅簡單言之：這是中華人民共和國這個一黨政府為了排除台灣的中華民國而創造出來的東西。原本說起來，既然台灣是內政問題，那麼中國不管向世界要求些什麼，無疑就是招來對自己的「內政干涉」，因此可說是種自我矛盾；不過，中國的邏輯是「台灣問題的起源，乃是源於韓戰爆發下美國的介入」，因此又有了整合性。當初，台灣也接下了中國的這種言語挑戰。一九七一年在聯合國會員問題上，當中國成功加入聯合國的時候，蔣介石總統表示「漢賊不兩立（漢＝國民黨，賊＝共產黨）」，於是主動從聯合國退出。

中國和各國建交的時候，都會要求各國「承認一個中國原則，一個中國乃是中華人民共和國」。不過，各國考慮到和台灣長久以來的關係，因而各自有所抵抗、探尋妥協方案，其結果便是在外交文書上的曖昧不明。比方說，美國在此事上的用語是「認知」（recognize），日本則是「理解並尊重」。當然也有不像日美這樣有所保留、而是照單全收的國家存在，不過這也是各國基於公平互利下的選擇，畢竟兩岸的國力相對之下有所差異。於是，這種在外交上要求「捨棄台灣、選擇中國」的踏繪式（譯注：踏繪（踏み絵），指的是日本江戶禁教時期，用以辨別天主教徒的一種手段。當時幕府的官員會將刻有耶穌或聖母像的石板放在地上，讓被懷疑是天主教徒的人踩上去，如果踩上去就證明無罪，反之則會遭受重罰；從此之後，「踏繪」便被引申為用以清楚識別支持與反對者的手段。）做法，便一直持續下去。

邁入一九九〇年代後，這種情勢有了變化。事實上，台灣已經停止了和中國競逐「正統」的行動。概括言之，在李登輝總統的帶領下，台灣改弦易轍，走上了「台灣，就是作為台灣自己而活」這樣的一條道路。一九九九年，李登輝打出了「兩國論」，一時蔚為話題。所謂兩國論，意思是指中國和台灣並非中央政府與地方政府的關係，而是「特殊的國與國關係」。值得一提的是，這次當選總統的蔡英文，正是當時在李登輝底下絞盡腦汁定義出「特殊的國與國關係」，並且建構起理論框架的團隊主要成員。兩國論原本是要迴避台獨疑慮、並針對「一個中國」的前提下，由台灣方面首次明確提出「中國與台灣有所區別」的主張，卻引起了中國猛烈的反彈。說到底，中國原本就對李登輝抱持著「隱性台獨」的疑心，兩國論的提出，可說是讓他們對李登輝的懷疑變成了確信。

緊接著，在二〇〇〇年就任總統的陳水扁發表了「一邊一國」的宣言，讓世界為之騷然。關於「一邊一國」，陳水扁是這樣說的：

> 台灣是我們的國家，我們的國家不能被欺負、被矮化、被邊緣化及地方化。台灣不是別人的一部分，不是別人的地方政府、別人的一省，台灣也不能成為第二個香港、澳門，因為台灣是一個主權的國家。簡言之，台灣跟對岸中國一邊一國，要分清楚。

和李登輝的兩國論不同，「一邊一國」去掉了所謂「特殊性」之類的用詞，但不論何者，其共通性都在於對「一個中國」的挑戰。它們所要對中國主張的是：「台灣是以一個國家的形式存在著，這個國家和大陸不同。」

如前所述，中國對台灣要求的是「一國兩制」。和「一國兩制」略為類似的概念是「一國兩府」。這個概念的意思是在一個國家底下有兩個政治實體，也就是「一個國家，兩個政府」；換言之，同樣是中國，不過首都有兩個——北京和台北。不過，這種說法並不為中國所認可。其他還有中台兩邊憲法都承認「一個中國」的「憲法一中」，諸如此類的概念被提出。

每次隨著政權變遷，兩岸關係就會有新的概念登場，同時引起大小不一的波瀾。因此，若是小看它、只將它當成「用語上的差異」，那是絕對不行的。以言語這種「飛彈」相互射擊，正是兩岸關係的現狀。

自二〇〇八年開始，馬英九政權也創造了許多的「新詞」，光是要記都十分辛苦。這些新詞中的代表乃是「不統不獨不武」。由於此政策主張「不統一、不獨立、不行使武力」，因此又稱為「三不政策」或者「三個No」。不過，提到「三不政策」總會讓人想起蔣經國時代的「不接觸、不談判、不妥協」，所以一般都將馬政權的主張稱為「新三不政策」。美國柯林頓政權在一九九八年也和中國約定了「三個No」，這三個「No」分別是：不支持「兩個中國」或「一中一台」、不支持台灣獨立、不支持台灣加入任何必須以國家名義才能加入的國際組織。同年江澤民訪日時，也試圖說服小淵首相做出類似表態，但未能得到小淵首相首肯，於是功敗垂成。

馬英九的「三不政策」中，「不統」是針對國內而說，「不獨」是為了讓中國安心，「不行使武力」則是向世界的承諾。事實上，馬英九的「三不」，按台灣主流的輿論來講，可以轉換成更淺顯易懂的說法，那就是「不願統」、「不敢獨」、「不能武」。另一方面，作為台灣外省人系統一派代表的前行政院長郝柏村，則又將之代換成「棄獨、不武、緩統」；只是，這種「棄獨不武緩統」的微妙差異，儘管對中國而言是最歡迎的現狀解釋，但在台灣社會卻得不到多數的支持。

馬英九的下一個政策是「外交休兵」。前政權陳水扁時代和中國對立的結果，是使得台灣的邦交國從二十九國減至二十三國。不只如此，在先前和中國的對抗中，台灣也在對外援助的金額上和中國相互競爭，但現在台灣已經沒有這樣的氣力和財力了；因此，台灣今後將要停止這種在某層意義上來說毫無成績可言的外交爭奪戰。這樣的宣誓，就是所謂「外交休兵」。中國對此也做出了正面回應，二〇〇八年台灣擁有二十三個邦交國，到了二〇一五年則是二十二個，幾乎沒有什麼改變。唯一減少的國家是非洲的小國甘比亞，他們因為對台灣的援助表示不滿而斷交，不過中國卻也沒有馬上跟他們建交。換言之，中國這時候也同樣坐在馬英九的「外交休兵」這條船上。（蔡英文當選後，中國便和甘比亞建立外交關係，一般將此視為對民進黨的一種牽制。）

在這當中，對馬政權特別重要的一個關鍵詞彙，就是所謂的「九二共識」了。對「九二共識」的解釋，正體現了有關台灣問題的專業術語難度之高。

光是要說明九二共識到底有多重要，就是一件苦差事。在一九九二年兩岸會談時，中台之間圍繞著「一個中國」進行了諸多討論，最後得出了一個共通結論，那就是：「雙方雖均堅持一個中國之原則，但對於一個中國的涵義，認知各有不同。」之後，在二〇一五年十一月七日舉行、歷史性的兩岸高峰會上，習近平和馬英九又再次確認了九二共識的重要性。即使二〇一六年誕生了蔡英文／民進黨新政權，中國還是對台灣提出了「不遵守九二共識，就無法持續良好的兩岸關係」這樣的警告，由此可見九二共識是多麼重要的關鍵詞。

馬政權之所以會將「九二共識」這個幾乎要被完全遺忘的古老文件扛出來，一般咸認是馬英九的智囊蘇起提出的見解。蘇起是學者出身的政治家，在馬政權第一個任期內擔任國家安全會議祕書長，負責掌控兩岸關係。對於這個「九二共識」竟會變成迄今為止兩岸關係的關鍵詞，就算是我也完全想像不到；當我在撰寫提供給日本的報導時，因為說明實在太麻煩，我甚至都把它給省略了。畢竟，想要全面性說明兩岸關係這種文字政治時，所需的用語之多，足以讓記者哭出來。要在僅僅一千字以內的新聞原稿裡清楚說明「九二共識」，恐怕轉眼間稿子的空間就會用完了！

在總統大選裡禍從口出、重跌一跤的候選人

關於特殊用語的問題，在這次的總統大選中也爆發出來；那是曾經一度擔任國民黨總統候選人的立法院副院長洪秀柱，環繞著兩岸關係的種種發言。

當國民黨主席朱立倫、立法院長王金平、副總統吳敦義等人因為種種算計與圖謀，對於是否該出馬競選感到迷惘之際，洪秀柱率先舉起了手，並且在短時間內便攀上了總統候選人的高位。起初她的民調支持率很不錯，大家也對這位說話落落大方的「洪姐」有很高的期待感；可是，洪秀柱卻在兩岸關係上接二連三地失言。她最初的失言是所謂「一中同表」。「中國和台灣雖然都提倡一個中國，但是兩者的主張各自相異」，這種所謂的「一中各表」，對馬英九政權來說，正是同意「九二共識」的最主要理由；但洪秀柱在這點上，則是認為應當「一中同表」，亦即「兩岸對一個中國擁有同樣的詮釋」。問題是，這種「一中同表」是中國的主張，也是對現任總統馬英九路線的否定。更有甚者，洪秀柱還提出了「終極統一」的說法。雖然她只是陳述心願，表

示「希望將來有朝一日能夠統一」，但是就總統候選人而言，這種話根本不應該說出口。結果，洪秀柱的支持率急遽下跌，最後在總統大選前的三個月，慘遭黨主席朱立倫所取代。在台灣，有關兩岸關係的地雷實在太多，必須細心留意才行；洪秀柱這件事，讓我再次對此留下了強烈的印象。

企圖提升對中政策成果的馬政權

馬英九政權總共維持了兩任八年。一般的分期法多半是從第一任的四年和第二任的四年去劃分，不過若試著從兩岸關係去考量，則可以劃分成二〇〇八至二〇一三年的「經濟交流期」，與二〇一四至二〇一六年的「政治交流期」兩個區段。

即使在這裡，兩岸關係特有的用語依然活躍，那就是所謂的「先易後難」與「先經後政」。先從簡單的事物開始著手，難的東西稍後再處理；用在兩岸關係上，簡單的事物就是經濟，而難的事物則是政治。因此我們可以想成這樣：二〇〇八至二〇一三年乃是「先易」、「先經」的時期，二〇一四至二〇一六則是進入「後難」、「後政」的階段。

經濟交流期的對中關係，總體而言是一帆風順。透過兩岸雙方窗口機關進行的兩岸協議（譯注：正式名稱為「兩岸兩會高層會談」，由海基會董事長與海協會會長共同率領兩會高層進行協商。）成為半年一度的定期化制度，至二〇一三年一共召開了十次、簽訂了二十三項協定。這和自李登輝時代的一九九三年起一共十五年間，兩岸協議不過召開兩次，延期或中止更是家常便飯的情況相比，不啻是天壤之別。

當馬英九在二〇一二年的總統大選中以些許差距獲得連任之際，民意調查指出，儘管馬英九的支持率絕對不高，但台灣社會仍然對他的兩岸政策寄予最高的信任。換言之，馬英九的對中路線確實受到台灣社會所支持。這種狀況開始瓦解，是始於兩岸關係一腳踏入政治領域的二〇一四年。

這一年，馬英九一心想著要前往北京參加APEC領袖高峰會，並且和習近平會面。我們可以試著想想馬英九的心路歷程：我的支持率一路低迷，總統任期也只剩兩年；儘管在打破兩岸關係這點上，任誰來看都會覺得是我最大的成果，但是，我還是想要像李登輝的民主化一樣，在「歷史性成就」上再進一步；為此，我想達成兩岸領袖的高峰會談；正好在二〇一四年秋天，中國擔任北京APEC的東道主；如果能訪問那裡、並且和習近平會面的話，就可以達成「（分斷以來）首次兩岸高峰會談」、「台灣總統首次出席國際機構」、「台灣總統首次訪問中國」這種一石三鳥的歷史性突破，甚至也有望以這份功績爭取到諾貝爾和平獎——在我想來，馬英九會這樣思考的可能性，絕對不低。

然而，中國的反應卻出乎意料慎重。台灣最初在正式場合傳達馬英九希望訪問的訊息，是在二〇一四年春天兩岸協議的場合。可是，中國並沒有爽快地就此答應。馬英九為此感到焦急不已。於是，為了要更加向中方表示「善意」，他開始摸索著要盡早處理兩岸服貿協定。至此，馬英九要求黨內迅速處理服貿的理由，已經別無他想。畢竟，這實在不像是就任以來一直用非常慎重老練的手腕，把穩兩岸關係舵盤的馬英九會有的舉動。

結果，太陽花運動一口氣蔓延開來，協定的締結也因此遭到了推遲；原本期望能夠加分，最後卻變成了扣分。馬英九還將一線希望寄託在同年六月於台北舉行的兩岸協議上，可是同樣沒能順利進展。從這時候開始，馬英九像是要一吐鬱憤似地，開始對中國變得多所批判，而習近平也對台灣明確傳達了「一國兩制」的意向。當我們沿著時間序列追溯這一切時，便可以發現「政治」的受挫，在兩岸關係間隱隱浮現。

歷史性的兩岸高峰會談為何能夠實現？

國民黨在二〇一四年舉行的九合一大選中慘遭大敗，朝向「後難」、「後政」的進程似乎也反映出停滯的跡象。即使在馬政權內部，也沒半個人敢說自己對兩岸高峰會談還有什麼期待。至於即將逼近的台灣總統大選中，國民黨已呈現濃厚的敗象。然而就在此時，中國的習近平政權卻俐落地轉換了戰略：中國方面主動提出，希望能夠舉行兩岸高峰會。包括我在內，大半的台灣觀察家在得知這消息時，全都有種挨了一記悶棍的感覺。畢竟再怎麼想，對於已經走下坡的馬政權，此刻的中國實在沒有理由送上這樣一份「大禮」啊！

關於兩岸高峰會，中國方面下定決心實施的理由或許相當複雜，但台灣這邊答應的理由則是相當簡單。

中國方面的理由主要有以下幾點：一、在馬英九任內為兩岸關係打下一個楔子，好作為蔡英文／民進黨政權誕生後的前提。二、在美國開始運用南海爭議等等各方面議題，在外交戰場上致力於孤立中國之際，拉攏身為南海利益相關者的台灣，可以減弱對外的孤立印象。

另一方面，台灣之所以與會的理由只有一個，那就是「因為馬英九想見習近平」。或許他做出了判斷，認為這是可以為苦戰中的選舉提供加分的材料，不過當然也可以預想到會有反彈、而且效果也有限，這是任誰都看得出來的事。只不過，台灣社會對於兩岸領袖高峰會本身也是抱持著期待，所以身為最高領導人的總統想做這種事，實在沒什麼反對的理由。

兩岸高峰會的談話內容極其抽象，會後的協議文件對於下任政權也沒有約束力。總而言之，這是一場「會面本身即是意義所在」的會談。至於為什麼會面本身即是意義所在，不用說自然是因為它屬於一種「政治性的行為」所致；確實，這場兩岸高峰會，正是「後難」、「後政」這一政治進程所到達的終點。

追本溯源，高舉「一個中國」旗幟的中華民國與中華人民共和國，以及其背後的國民黨和共產黨，其實是有如兄弟般的關係。它們都是抵抗歐美殖民地化、脫離中國傳統封建主義，希冀打造一個嶄新中國的革命政黨；國民黨建立了中華民國，共產黨則建立了中華人民共和國。

兩黨起步的時候多有向蘇聯學習，所以在黨的體質上都有著濃烈的意識形態色彩，以及中央集權的組織原理。這兩個頗為相似的政黨之間的「兄弟鬩牆」，造成了六十六年間從未舉行高峰會談的「兩岸分斷」現實。

台灣的離心與依存

可是，在台灣這邊卻出現了堪稱歷史嶄新一頁的變化，那就是認為「台灣就是台灣」的人們成為主流化。正因兩岸過去都抱持著「逐鹿中原」的理想，所以才會有「一個中國」的論述；假使其中一方斷然說「我已經不想追鹿了」，那麼這場遊戲就將告一段落，而台灣人的心情就現實而言，已經完全對「中原的鹿」不抱任何興趣。「不想追鹿」的話語始自李登輝，說「鹿在台灣」的則是陳水扁。儘管馬英九看起來似乎對鹿仍有興趣，不過蔡英文在當選之前，就已經明白表示對鹿毫無興趣了。

如果將兩岸比喻成兄弟鬩牆，既然是兄弟，那麼即便吵架還是有言歸於好的可能性。可是現在的台灣卻開始這樣說：「我已經不想吵架了。我不會阻撓你做任何事情，但是也請你不要來干擾我的人生。」對於從兄弟一下子變成他者的台灣，中國在內心也困擾不已。所以中國現在盡全力在做的，就是把台灣繼續留住，讓他們維持在即使吵架也還是兄弟的狀態下。

中國一開始對這個新遊戲玩得並不是很順手，不過最近看來似乎確實地做好了準備。在中國的認識裡，只要自己在大方向上沒有什麼錯誤，那麼總有一天台灣終會回到自己的懷抱中；這種想法，我稱之為「熟柿理論」。在它的背後，乃是伴著中國崛起的國力增強、以及成功讓台灣經濟依存中國這些實績，在支撐著這種自信。

接受民進黨在二〇一六年總統大選中確實獲勝的狀況後，上海東亞研究所所長、擁有影響力的台灣研究者章念馳表示：「即使民進黨全面執政，也不是兩岸關係的末日，因為台獨永遠無法實現。其次，台灣對大陸有高依存度，台灣的未來必將走向大陸。」這恐怕是中國內部對這次國民黨大敗，最真實也最接近官方理解的聲音！

名為「一個中國框架」的籠子

面對持續轉變的台灣，中國用來踩煞車的最新台灣政策是「一個中國框架」。所謂「一個中國」，原本是中國為了在國際社會中贏得台灣問題而塑造出的理念，不過在面對交流日深的台灣時，它也衍生出了另一種發展形，那就是用以馴養台灣的「一個中國」籠子。

和台灣相互交流、進行貿易、持續接受投資、購買台灣農產品，同時也將觀光客送進台灣；認可他們有選擇政治體制的理由也無妨，總之盡量表示許多的「善意」。只不過，這一切全都是因為有「一個中國」在，所以才會展現出來。所謂「一個中國的框架」，在語意上微妙地給人一種「包圍」、「用框框套住」的印象。

這隻名為台灣的小鳥，若是想要從籠子裡飛出去——也就是台灣獨立——那是絕對不被認可的。用更生動的一點的言詞來形容的話，大概就是「你就好好給我做隻籠中鳥。我會給你充分的飼料，但是，假使你想要飛出去的話，那我就殺了你。」這樣！

今日的台灣和過去有著大大的不同。軍事平衡上是中國占了壓倒性優勢；經濟上，台灣也一直在朝著依存中國的方向走去。台灣有許多資本家都在大陸設置大型工廠，大發橫財。諸如最近以收購夏普而成為話題的鴻海董事長郭台銘，以及從事點心製造業的旺旺總裁蔡衍明，這類經常發表親中言論或行動的「紅色商人」也日益增加。中國在長期且周到的設計下，持續推進他們的台灣政策。民進黨／蔡英文政權誕生後，兩岸基本上會在懷抱著緊張的情況下，持續彼此的關係下去！在這當中，中國要綁住台灣手腳的手段有許多種，不過最有效的手法還是從經濟面去動搖就是了。

只是，政治並不全是計算下的產物，這才是有趣的地方。迄今為止，台灣問題的玩家，乃是中國的政府、台灣的政府，以及台灣民眾三者，至於中國民眾，則沒有任何參與的空間。不過，這點也在漸漸產生改變。隨著台灣旅行解禁，親身體驗台灣的中國一般大眾日益增多，在台灣問題上能夠超脫中國傳統思考方式的人們，也隨之漸漸浮現。對中國而言，這或許也有點出乎計算之外。能夠確實感受到這一點的，是二〇一二年的台灣總統大選。

當時，選舉的狀況與開票情形透過鳳凰衛視，在中國進行了即時報導，中國政府對此也沒有太多限制。台灣的選舉像這樣自由、客觀地在中國被報導，還是歷史上的頭一次，而中國的民眾也給予了熱烈的迴響。主要展現這種迴響的場所是在微博（中國版的推特）上。雖然相當熱烈，不過「在中國看台灣選舉，就像太監看AV」——這句話在我感覺起來，實在是相當巧妙的一個譬喻，而它也因為對於中國現行體制的強烈諷刺，被成千上萬次地引用與轉發。

接下來就讓我試著從微博上，拾取一些中國人對台灣選舉的看法：

- 台灣選舉是我到目前為止看過最有趣的一齣戲。它由一千八百萬人所主演，不管選擇是對還是錯，他們都在盡全力演出。反觀我們這邊雖有十三億人，卻只是長時間穿著戲服，完全沒有演出。
- 在台灣，理性平和的民眾，選出了理性平和的總統。
- 所謂民主，就是一邊歷經混亂，一邊尋求最好答案的統治吧！
- 在台灣，歷經立法院打架、激烈的政黨對立，還有陳水扁的槍擊事件，今天終於能夠理性和平地進行選舉；這二十年的苦難之道，實在是值得誇耀不已。

原本中國對台灣政治的報導，一直很明顯是所謂「妖魔化」的情報操作，在官方媒體上流通的，都只是單單強調負面的資訊；台灣的選舉對中國人而言，不過是被當成「民主主義的負面教材」來加以理解罷了。

中國人對台灣政治的刻板印象，一言以蔽之就是一個「亂」字。這是中國媒體針對台灣民主化帶來的混亂進行印象操作的結果，並且也藉此反證共產黨統治的「安定」乃是正確無誤之事。二〇一二年的總統大選，是接近真實的台灣選舉樣貌第一次傳達給中國，同時也為中國人對台灣的認識帶來了變化。

隨著民間交流產生的變化

自從二〇〇九年左右中國人獲得准許前往台灣自由行以來，在闡述台灣經驗的人們之中，也出現了不少並未參加旅行團、對於中國輿論具有影響力的意見領袖。在這當中最著名的，莫過於極具魅力、人氣鼎盛的中國作家韓寒了。韓寒在前往台灣訪問之後，發表了一篇以〈太平洋的風〉為題，贊美台灣的散文；這篇文章在中國的網路上被轉載無數次。雖然只是三天兩夜的台灣遊記，但令韓寒感動的並非台灣的觀光或景色，而是台灣的人們。在〈太平洋的風〉裡，韓寒就介紹了以下這樣一段插曲：

他和朋友一起去造訪某家眼鏡行，朋友看上了一副鏡框，但是等到做好要兩三天時間，所以沒辦法購買。這時，眼鏡行的老闆掏出了一副隱形眼鏡，硬是塞到朋友的手裡，對他說：「實在不好意思，沒能幫上你的忙，這個送你，先用這個應急吧！」

「我靠，哪有這種好事，這裏面是有什麼貓膩（花樣）吧？咱還能走出這家店的店門嗎？」生長在艱難世道裡的中國人韓寒，一下子竟然擔心了起來。

接著，韓寒又舉出了一位「比馬英九還令我感動的人物」，那是一位計程車司機。當時正要從旅館往陽明山的韓寒，一不小心將手機忘在了計程車上，更糟糕的是，他也不記得那輛車的車牌號碼；雖然聯絡了計程車公司和旅館，可是依舊找不著。正當他困擾不已的時候，旅館忽然打電話來通知他：「剛才有位計程車司機，把手機帶到旅館交給前檯了。」他問到了司機的名字，聯絡對方表示想贈禮致意，但司機卻說：「不需要啦，很正常的，小事一樁，我們都是這樣的。」然後便把電話給掛了。

韓寒用「我石化了」四個字來描述自己的感受。「也許是我的命好，遇見的都是好人，也許是我走的膚淺……在華人的世界裡，它也許不是最好的，但的確沒有什麼比它更好了。」針對自己的體驗，韓寒在隨筆裡做出了這樣的總結。韓寒的這種感覺，在造訪台灣、為數眾多的中國人心中，應該多少都有所共鳴吧！

中國觀光客對台灣的第一印象，大概都是「中國比較先進」、「中國比較富裕」、「街道很古老」、「沒有什麼高樓大廈」之類的負評。不過，在經過幾天的停留後，他們卻往往能夠在同樣臉孔、說著同樣話語的台灣人身上看到了在拜金主義、競爭社會下，不信任他人的文化幾乎已是根深柢固的中國所看不見的那種溫情。

這種中國人的台灣體驗，和在中國興起的「民國熱」之間微妙地相互重合。這種稱為「民國風」的傾向，實際上是從大約十年前左右，以都市居民為中心靜靜蔓延開來的。所謂民國風，指的就是懷念革命前中國樣貌的風潮。

中國在文化大革命中對傳統文化造成了重大破壞，連帶使得中國人心中對「文化的價值觀」也損失殆盡。中國人生活在一個「失去文化的國度」中，懷抱著簡直有如失樂園般的罪惡感。這樣的中國人來到台灣後，總忍不住會萌生出下面這種心情：「台灣真是個充滿『民國風』的地方，只有台灣才是守住了傳統的中國文化。」

我不只一次從中國人那裡聽到過這樣的說法。台灣帶給中國人這種感觸的地方，不只特別限於中國風格的寺廟，或者盛大的葬儀之類，還包括了像韓寒所講的歸還失物的故事，或是從他人那裡頻繁聽到的「謝謝」、「不好意思」這樣的話語；凡此種種，都讓中國人覺得「真正的中國就在這裡」。

「台灣維持了優良的中華文化」，這是相當正確的理解。蔣介石在逃亡到台灣之際，也將中國的文學、戲劇、電影、學者等一流的文化人一起帶到了台灣。他們認為自己在共產中國沒有活躍的餘地，於是便和國民黨一起渡海來到台灣，並且一直居留下來，在台灣砥礪自身的文藝之道。他們收了許多弟子，在台灣撒下了文化的種子，其結果便是在台灣蘊育出極高品質的中華文化。

若要舉個最貼近生活的例子，那就說料理吧！在台灣，可以吃到各式各樣的美味中華料理，代表性的例子便是鼎泰豐的小籠包；然而，小籠包原本是浙江一帶的料理。走在台北的街頭，到處可見賣著熱豆漿與油條的小吃店，然而，豆漿和燒餅油條的組合，原本是中國北方的飲食文化。不只是庶民料理，由於優秀的廚師也來到台灣，所以「湘式」、「閩式」、「粵式」、「川式」等各種料理也在戰後深入台灣。這樣所產生的奇妙現象便是，一個小小的台灣，居然包含了中國全境的料理。當然，以南部為中心，還遺留著原本台灣風味的料理。

失落的中國就在台灣。造訪台灣的中國人，總會抱持著這樣的心境回到大陸。這樣的認知，會對中國本身、乃至於兩岸關係產生怎樣的變化呢？這是今後值得我們持續關心注意的課題。

第四章

台灣與南海、尖閣群島、沖繩

日本南進的軌跡

日本社會對台灣「思考停止」的弊害，隨著近年來國際情勢的變化，給人一種與日俱增的感覺。在此我想舉尖閣群島（台灣稱釣魚台列嶼）問題、南海問題，還有沖繩問題為實例加以說明。

這些問題，原本若是將台灣（或者中華民國）的視點排除在外，就無法談論、也無法理解；可是，在此同時，對台灣採取半無視形式的報導與評論，卻又相當醒目。

將台灣、南海、尖閣群島、沖繩重疊在一起討論，會看見什麼呢？答案是：明治維新以降日本步上的近代化、以及向東亞邊境地區的對外擴張之道。日本的對外擴張，是從北海道往樺太（庫頁島）、朝鮮半島往滿洲、沖繩往台灣與南洋諸島，基本上是沿著和日本本土銜接的土地（或者海域）不斷擴大。在這點上，和歐美列強在遠離本國之處建立殖民地的類型是不同的。

在日本對外擴張的過程中，台灣、南海、尖閣、沖繩四個地方，可以說是展現了日本從明治到昭和時期往南奮力前進的軌跡。甲午戰爭勝利時，海軍便稱台灣為「圖南之飛石」，對之寄予厚望。這也是位居東亞邊境一隅的日本作為新興列強、對歷史上受中國影響的同一邊境地域加以逐步蠶食、納為己有的一種「主角更替」的進程。

這些事物作為今日的問題，沉重地壓在日本身上；正因如此，我們非得知道問題的「起源」不可。為此，以台灣為起點進行思考，無疑是個相當有用的方法。

雖然台灣、南海、尖閣、沖繩對日本而言都是明治以來的「新領土」，但隨著日本戰敗的戰後處理，這些地方的所有權也走向了各自的道路。台灣被中華民國接收，沖繩、尖閣歸返日本，至於南海諸島，則是被置於一種「無秩序狀態」之下。這些土地儘管看起來零散，但實際上卻有著切也切不斷的深刻關聯性存在。若是對這種實態視而不見，那麼在面對和台灣、南海、尖閣群島、沖繩諸問題都有千絲萬縷糾葛的中國時，便很難描繪出正確的戰略藍圖。

南海

在南海，由於中國積極的填海造陸舉動招致相關各國的反彈，而使得緊張形勢日益升高。二〇一五年，美國發動與之對抗的「自由航行計畫」（Freedom of Navigation Program），於是原本只是中國與東南亞各國間地方性議題的南沙群島問題，一口氣躍升為全球性議題。二〇一五年，台灣在其實際支配、南沙群島中最大的太平島上，建成了新的港灣與燈塔，馬英九總統也在二〇一六年一月飛往該地。儘管馬英九信誓旦旦，向國際約定自己不會成為「麻煩製造者」，但或許是想藉此向國際社會陳訴台灣在這個問題上也占有一席之地吧，總之，他不顧美國的制止，實施了這次訪問。

在提及包含南沙群島在內的南海諸島所有權問題時，一般媒體都是用這樣的時間軸或圖表來思考的：「自從海底資源發現以來，中國便開始主張其所有權，結果導致對立加深。」只是，這種想法對南海問題的理解，其實是相當侷限的。為了深入解讀美、中以及東南亞諸國之間激戰的「言語」，我們就必須更加深入理解「近代中國與南海」之間的來龍去脈。

在這裡我想提出一個很簡單的疑問：中國宣稱海南島以下、大片南方海域中的島嶼都是「我們的領土」，任誰都該有種不自然的感覺吧？

在南海三百六十萬平方公里的海域裡，散布著大大小小三百座以上的島嶼，除了南沙群島以外，還有西沙、東沙、中沙等群島。不管是哪一座島嶼，對它們擁有所有權的法源依據，都不是來自現在的中華人民共和國，而是現在位居台灣的「中華民國」所造就。

舉例來說，南沙群島最大的太平島，現在在台灣以「高雄市旗津區中興里」這一地名執行實際支配；東沙群島也一樣，被劃歸在「高雄市」的行政區域，置於台灣的實質支配之下。

儘管南海諸島最早在中國歷史文獻上登場可以回溯到漢代，但到了近代，最早以國家力量向南沙、西沙伸出觸手的，則是越南的宗主國——法國。從一九三三年開始，法國便派有少量士兵駐紮在這些地區。當時中華民國政府大為反彈，發表了「中國南海島嶼圖」，主張其所有權，但並沒有採取具體行動。

在這之後，第二次世界大戰爆發；一九三九年，日本將法軍和越南漁民趕走，先是西沙，接著又占領南沙。日本在當地設立軍事據點，並且試著開發資源；直到終戰為止，南海整體都在其支配之下。

問題在於一九四五年以後。當時動作最快、率先出手占領一片空白的南海諸島的還是法軍，但是隨著越南內戰的影響，不久便又撤出；這時，國民政府眼見機不可失，派遣了「太平號」等四艘軍艦，至一九四六年底為止占領了南海的主要島嶼並進行測繪，最後完成了「南海諸島位置圖」。這就是今日中華人民共和國對南沙群島等南海諸島宣稱所有權的理論依據。

這幅「南海諸島位置圖」的最南端靠近北緯四度線，同時也確定了東沙、西沙、南沙、中沙等島的位置與名稱。最重要的是，它透過稱為「十一段線」的十一條邊界線，將南海徹底定位為「中國的海」。由於這十一段線形似U字，因此又稱為U形線。接著，國民政府更進一步發表了「中華民國行政區域圖」，在這當中也附有「南海諸島位置圖」。他們以此為依據向國際社會做出解釋，並宣稱「南海為中國所有」。

後來，中華民國喪失大陸，撤退到台灣，南海所有權問題的主導權轉由現在的中華人民共和國所承繼。但是，台灣方面依舊主張南海是「中華民國的領土」，並且徹底維持現狀，繼續駐守在有機場和政府人員留守的南沙太平島以及東沙群島上，而不像中國那樣不斷占領新的島嶼。

台灣掌握著南海問題之鑰

一九五三年，中國將十一段線中和當時關係良好的越南水域相衝突的東京灣線與北部灣線兩線刪除。接著，他們在一九五八年提出「領海宣言」，以新的「九段線」宣告包含南海諸島在內海域的所有權。一九七〇年代，中國和越南發生戰鬥後，將西沙群島實際置於管轄之下；即使是南沙群島，他們也從一九八〇年代開始，便實際支配了好幾座島嶼。順道一提，雖然中國使用九段線，不過台灣至今仍然使用十一段線。

領海原本是隨著領土的納入而確定，這是常識。中國實際支配的島嶼頂多是南海諸島中的一部分，就算採取先占主義，要說南海全部島嶼都是中國所有，其合法性也絕不充分。不只如此，關於為何九段線（十一段線）可以成為中國領海的邊界，只因為「中華民國決定、我們加以承繼」就定下來，這在國際法上還是頗有爭議。二〇一五年，習近平在華盛頓與歐巴馬總統會面時，則是宣稱「（南海）自古便是中國的領土」。

美國的議員與智庫學者在發言時，屢屢提及「需要從台灣得到南海相關資料的提供」；事實上，從以上的來龍去脈，我們可以發現，主張南海為領海、以及南海諸島為領土的證據與史料，基本上都是掌握在台灣手中。

關於南海問題，馬英九總統於二〇一四年五月二十六日發表了「南海和平倡議」這一構想；在這當中，他呼籲各方擱置主權問題、共同開發資源，並維持和平現狀。對台灣而言，這樣不只可以避免處在對美和對中關係的夾縫間，還可以就歷史性的南海議題，展現一下身為「正統」擁有者的氣魄。

南海與日本在歷史上的因緣

與南海關係匪淺的，並非只有台灣而已。日本和南海同樣有著深厚淵源，而這與過去台灣和日本曾經「同屬一國」這件事也有所關聯。

關於南海問題，二〇一五年十一月，自民黨的眾議員野田聖子曾經表示：「（南海）和日本沒有直接關係。」結果此話一出立刻引來各界砲轟，紛紛指責她「失言」。野田聖子是自民黨的資深議員，也是位曾有角逐日本第一位女性首相寶座呼聲的實力派。她的政治主張和鴿派的安倍首相有著明顯區別，二〇一五年九月自民黨總裁選舉時，她也是唯一一位對安倍首相無投票連任表示異議，並且打算出馬角逐的人物。

對於野田的發言，各界主要都是從「太不理解安保問題」、「對美國派遣軍艦前往南海沒有深刻的理解」等等，亦即「外交論」和「安保論」的立場提出質疑。不過，我的想法則有不同：若野田議員是出於顧慮對中外交，因此認為日本不應太過深入涉及「南海問題」，這或許也是一種見識。只是，如果在做這種發言時將日本與南海的深厚歷史置於腦後的話，那麼很遺憾，這只能說是一種誤認罷了。畢竟，正如前述，南海諸島的所有權問題與資源問題，乃是明治維新以降「南向發展」的日本近代史重要一環，所以，造成今日的混亂，日本其實也要負上不小的責任。

在確立戰後日本再出發的一九五一年《舊金山對日和約》中，明訂日本放棄權利以及權利名義的對象，除了台灣和滿洲之外，也包括南沙群島與西沙群島在內。

在和約上是這樣寫的：

「日本政府放棄對新南群島以及西沙群島的一切權利、權利名義與要求。」

新南群島，即是南沙群島在日本的稱呼。姑且不論之前的占領是否為國際承認，這裡所提的「放棄」，事實上就是承認了日本曾經領有或是占有這些土地。然而，和約中卻沒有明確規定日本放棄權利之後這些地方該歸屬哪邊，所以事實上是將之置於一種無主狀態下，也從而為今日的領土紛爭埋下了種子。

關於南沙群島，若是調閱台灣國防部的舊資料，便可以看見一份一九四六年十二月二十六日，名為〈進駐西沙南沙群島及抵達長島（太平島）經過情形報告表〉的公文。

這份公文是報告「海軍總司令部獨立第二群暨海軍南沙氣象觀測部隊」，總共五十四名隊員，在「太平號」（驅逐艦）、「中業號」（登陸艦）支援下，於南沙群島的長島（現在的太平島）登陸的狀況。他們在十二月十二日早上七點進駐長島，將物資運上島嶼，將之改名為「太平島」，並樹立石碑。報告書上是這樣寫的：

島上林木繁密，椰子、木瓜、鳳梨樹等林立。水井一共有五座，沒有居民。住居已遭到破壞，無線通訊也遭到破壞，港灣內有一艘沉船。島上有一座日本人樹立的石碑，標示著日期和姓名，不過已經被我們全部削除了。

依照中華民國的說法，這次登陸行動是「接收南沙群島的行動」。在這之後，中華民國對南沙其他的島嶼也陸續進行了接收行動，以此強化了自身擁有南海主權的證明；這點同時也是今日宣稱繼承中華民國的中華人民共和國，主張擁有南海諸島主權最為有力的證據。

為捕捉信天翁而踏足南海的日本人

另一方面，東沙群島也和日本人有著不淺的因緣。自一九〇〇年左右開始，在小笠原群島因捕捉信天翁而大發其財的玉置半右衛門與水谷新六等商人，便為了追逐信天翁而渡海來到東沙群島。台灣割讓給日本後，在台灣北部的基隆展開海運貿易的西澤吉次也率領船團抵達東沙群島。他在那裡展開了大規模採集由海鳥堆糞所形成的磷礦與鳥糞石的作業，一時間有超過四百名日本和福建勞工聚集在這小小的東沙島上。

西澤將這座島以自己的名字命名為「西澤島」，不久更發行了名為「西澤島通用引換券」的私人貨幣，成為當地獨有的通貨。在這之後，西澤向日本政府提出申請，要求將這座島納入台灣，亦即由日本所領有，同時日本海軍也派遣艦艇在這一帶巡弋；但是，對這項舉動大表反彈的清朝，向日本政府提出了抗議。

日本政府擔心與清朝間關係惡化，於是承認了清朝對東沙群島擁有主權，至於西澤設置的設施等，則以交換補償金的方式予以接收；之後，新的中華民國在這座島上建設了碑、廟等標示自身擁有主權的建築物，從而抹消了日本人的痕跡。這時，有關「東沙島返還之相關事項」，是由清朝授權的兩廣總督，與日本政府駐廣東總領事間彼此協議簽署的。

關於東沙群島的所有權，並沒有列入舊金山和約的範圍當中；因此，這時候的取決，或許就只能靠著清朝確定擁有主權這點來判斷了。在西澤之後，日本也屢屢因為漁民在東沙群島附近作業的問題而受到中華民國政府的抗議。直到太平洋戰爭爆發，日本占領東沙群島和西沙群島，一直到一九四五年為止，都實質支配著這些島嶼。

誠如上述，在南海各地都留有日本人的足跡。這正是當時日本與日本人，為了追求資源和商機，朝向「南方邊境」不斷往前發展的證明。

今天，中國和台灣都主張自己擁有全部南海島嶼的主權，而菲律賓對南沙、越南對西沙，也都各自宣稱是自己的領土。日本戰前南進政策所導致的善後問題，招致了今天錯綜複雜的事態，這是不爭的事實。雖然我不打算說這一切都是日本所造成，不過回顧這段歷史的來龍去脈後，要說「南海和日本沒有直接關係」，果然還是不對的。

橫亙在美中之間的自由航行爭議

美艦在南海的「自由航行」行動之所以值得我們矚目，主要原因在於美中之間環繞著台灣問題，對海上的軍事行動有著根本明確不同的認知差異。相對於高舉「航行自由」口號的美國，中國的反擊則是「進入領海內，必須得到主權所有國的許可」這樣一種論調。

中國透過填海造陸製造人工島、並以此設定領海，這樣的行為是否合理，是屬於國際法上的問題，在此姑且別過不提；不過追本溯源，「在包含領海在內的本國近海海域間，外國軍隊的活動應有限制」，其實是一九五〇年代兩岸處在「解放台灣」的緊張狀況時，中國意圖阻止美國介入台灣防衛時所提出的主張。尋求海上霸權的美國，以及與之對抗的中國；南中國海的美中爭議背後，其實隱藏著自冷戰初期持續至今、超過半世紀的根深柢固對立。

在一九五八年八月爆發的「第二次台灣海峽危機」中，中國對台灣支配的金門島實施了猛烈的砲擊，而美國則為了防衛金門而派遣第七艦隊，並對台灣方面進行軍需物資補給等支援。就在危機發展到最高潮的同年九月，中國發表了所謂「關於領海的聲明」：在這份聲明中，中國向世界宣告，台灣、金門以及南海諸島乃是中國的領土，在這些領土周圍的領海為十二海里，一切外國軍隊未經中國許可，不得進入領海範圍之內。

順道一提，這份聲明和所謂「九段線」、「U字線」之類，主張南海全部是「中國的海」這種「歷史性權利」的說法有著重大矛盾。至於要如何整合兩者，而今在中國內部，依然有著長期的爭議。

中國的海洋法學者們想必也相當了解，在今日的國際社會上，高喊「歷史性權利」的時代已經過去了。同時，在西沙群島方面，中國也已經依循《聯合國海洋法公約》，和越南進行了領海劃定；隨著這項行動，在西沙群島也確實劃定了領海基線。假使這項原則適用於整個南海的話，那麼就不能說南海是「中國的海」了。領海基線外圍十二海里之內的海域為領海，再往外的廣大海域，則是外國船舶得以自由航行的排他性經濟海域，或者普通的公海；如此一來，就變得和中國對南海的主張有所衝突。因此，在中國境內，主張劃定領海基線的一派和不應劃定的一派，至今依然不停在爭論。

儘管一九五八年台灣海峽危機當時，這份「關於領海的聲明」並沒有發揮什麼重大作用，不過在這之後，中國身為率先引進《聯合國海洋法公約》的簽署國之一，則是採取盡可能利用國際法的框架，對美國支配海洋進行限制的方針。

一九九六年台灣總統大選，中國對台灣近海發射飛彈之際，美國派遣了第七艦隊的兩艘航空母艦前往台灣海峽，以確保台灣的安全。美中在海上霸權方面的對立，過去一向是圍繞著台灣海峽的形勢而展開，不過如今，主舞台則是轉移到了南海。

美國的亞太安全保障基本構圖是，當某處發生事件的時候，美軍都能在最短時間內趕到，以此「前提」來支撐亞太地區的勢力平衡。因此，若是中國得以對美軍的活動加以限制的話，那麼向來被視為「威懾力量」的美軍，其所受到的信賴必將削弱，甚至有可能會發展成對日本、台灣，乃至東南亞的安全保障產生重大動搖的局勢。

對身為海洋霸權的美國而言，維持不論在世界何處都能有美軍出現的狀況，乃是其國家目標。一九七九年，他們制定了「自由航行計畫」，明訂當發生自由航行受限的事態時，美國可以試探性地派遣艦船、飛機前往該海域，以確認自由航行的權利是否真的受到限制。

儘管《聯合國海洋法公約》原則上認定在領海內有「無害通航權」，但正如前述，中國採取的立場是「未得中國同意情況下，不允許領海內有外國軍隊進入」。只是，《聯合國海洋法公約》並沒有就這點的是非做出判斷，因此要說中國的主張完全有法源依據，倒也未必盡然。

直接引發美國行動的導火線，不用說自是中國積極在南沙群島進行填海造陸、並在人工島上設置軍事設施與港灣設施等一連串的行動。中國這一策略，無疑是戳中了美國傳統亞洲政策──不介入外國之間領土爭議問題──的弱點。不可否認的是，歐巴馬政權在這方面確有被動迎戰之虞；即便美國發動了自由航行計畫，也無法完全顛覆中國在南海所有權支配上的既成事實。

美中環繞著南海的博弈才正要開始。這是中國對美國海洋霸權挑戰的開始，同時也意味著美中兩國環繞台灣海峽的爭端，即將再次重啟。

南海最大的軍事勢力其實是台灣

儘管受到最近中國積極的侵蝕所動搖，但是在南海相關諸國中，在當地置有最大軍力以及警力的還是台灣。東沙和南沙群島都有機場，也有海巡人員常駐該地。南沙群島最大的太平島，以及全南海最大的島—東沙群島的東沙島，都處在台灣的支配下。同時，在潛艇航行不可或缺的海底地形圖方面，台灣也持有豐富的資料。可是，此刻的台灣卻在為解決南海紛爭而設立的各種國際規範中遭到了排擠。雖然台灣不被國際承認為國家，但作為南海重要的利益相關者，假使不讓台灣加入的話，那麼就算做成任何協定，其實效性也要打上一個大問號。儘管光是台灣的地位究竟該怎樣具體安排，包含中國在內的相關各國就非得絞盡腦汁不可，不過將台灣持續排除在南海問題以外，無疑是個不智的做法。

以現在這個時點來看，南海要達成確定領土等有關主權的協議，基本上是不太可能；可能的情況大概就是走維持現狀、相互牽制、共同開發資源等選項，而這些都只能靠各國秉持誠意、戮力為之。從這層意義上來說，台灣主張的「南海和平倡議」，亦即呼籲維持現狀，其實是個不壞的提議。不只如此，正因為這是由除了維持現狀以外沒有更大野心的台灣所說出來的話，所以更有傾聽的價值。因此，中國和其他相關國家，都應該慎重考慮在南海的對話機制裡，讓台灣參與其中才對。

尖閣群島與台灣是「思考的死角」

台灣與尖閣群島的組合，在日本可說已經變成了一種「思考的死角」吧！明明是本質上相當重要的事物，卻遭到了掩蓋，以致於人們不容易思考到這點。但是，就實際上而言，台灣與尖閣的關係，比起跟南海還要更加難分難離，說是彼此相連的問題，其實也不為過。

二〇一五年八月三日，當正好在台灣的我，打開當地的早報《中國時報》的時候，當場不禁兩眼發直。原來，在該報名為「時論廣場」的投書專欄上，刊著一篇足足有半版大、名為〈釣魚台當然是中華民國領土〉、還刊著尖閣群島照片的投書；還不只如此，更令我出乎意料的是，投書者竟是馬英九總統本人。

就在大概兩週前，李登輝前總統前往日本訪問，當時他表示：「尖閣群島是日本的，不是台灣的（領土）。」馬英九這篇文章就是對李前總統的批駁，他表示：「李前總統應該撤回這種主張，並向國民道歉。」

看了這篇文章，我在感覺馬英九有點「小家子氣」的同時，也再次感受到他對這個問題的固執。馬英九在一九八〇年，從哈佛大學得到了法學博士學位，當時他所寫的論文主題就是有關尖閣群島，名為〈怒海油爭：東海海床劃界及外人投資之法律問題〉。不僅僅是研究，馬英九從學生時代起，就參加了有關尖閣群島的對日抗議運動——保釣運動。在他就任總統後也不時公開提及：「在現在的政府中，沒有比我更懂這個問題的人了。」所謂保釣，是「保衛釣魚台」的簡稱，約略言之便是：「釣魚台乃是我們（中華民國）的土地，必須從日本手中守住它」的一場運動。保釣運動是始源自一九六〇年代末期。

姑且先把尖閣群島究竟屬誰的議論擱置一邊，前總統和現任總統所說的話有一百八十度的差異，這到底是怎麼一回事呢？光從這點就可以察知，尖閣群島在台灣，是一個非比尋常的複雜問題。

尖閣群島是位於沖繩縣八重山群島北方約一百七十公里處的無人島，日本人直到明治時期為止都不曾占領該地。一八八五年，沖繩縣第一次對尖閣群島進行實地調查，得出的結論是「不宜人居」，只有鳥才有辦法住在上面。不過，當時日本人似乎已經登上尖閣群島，進行捕捉信天翁或者採集海產的工作。沖繩縣對於該怎麼看待這些人大傷腦筋，最後為了限制隨意渡海前往該地，於是向日本政府提出在當地設置界樁（譯注：設置界樁（日語稱為標杭），即宣示該地為沖繩縣所有。）的請求。一開始，日本政府因為與清朝的緊張關係，所以暫時將這個問題擱置一旁，等到甲午戰爭大勢已定的一八九四年，閣議才決定認可沖繩縣設置界樁的行為，並在一八九六年將它正式編入沖繩縣。

觀看尖閣群島的地圖便可以發現，它距沖繩本島和中國大陸都非常遙遠，和台灣北部的基隆以及石垣島，則幾乎是處於等距離。在連結南北的琉球島弧中，尖閣群島正位在沖繩與台灣的半路上。日本人要了解這個問題，首先就應該具備這樣的地理感覺。尖閣群島雖然沒有適宜人居的土地，但周邊海域則是相當豐饒的漁場；在台灣還是日本一部分的戰前時期，台灣漁民也是公認自由地出入在這片海域當中。

若是透過時間軸來看這個時代的話，便會有一點清晰浮現出來：日本兼併琉球、設置沖繩縣是在一八七九年，在這之後，日本人開始正式渡海前往尖閣；一八九四年，尖閣設置界樁，然後在一八九五年，台灣割讓給日本。這樣的展開決非偶然，而是忠實呈現了日本人為追求資源與領土而南進的過程。

「一個中國」與尖閣群島

當新聞在報導尖閣群島的時候，我們常會聽到以下的報導內容：

「宣稱擁有主權的中國海警船接近尖閣群島，同樣宣稱擁有主權的台灣漁船也逼近尖閣群島。」

到這裡，大多數讀者與觀眾，或許都會將事態理解成以下這樣吧？「中國這個大國宣稱對尖閣群島擁有主權，而台灣這個小國在與之對抗的情況下，也宣稱擁有群島的主權。」然而，這並非正確的理解。正確來說，儘管中國和台灣是不同的存在，但不管哪方都是以「中國」的身分來主張對尖閣的所有權。因此，中國無法正面否定台灣的主張，而台灣也同樣無法否定中國的主張；只不過，台灣和中國都會向彼此宣稱「向日本提出主權要求的該是我才對」。從外人的眼中看來，這實在是個非常難以理解的狀況，搞不好還會弄得腦袋一片混亂呢！

在中國人對領土的認知中，尖閣之所以是他們的領土，是因為「台灣是中國的一部分」。尖閣群島是台灣的一部分，而台灣是中國的一部分，所以尖閣當然是中國的一部分，他們是這樣主張的。誠如近現代史研究者川島真所述：「台灣雖然在《馬關條約》中被日本奪走，但日本在戰後已經放棄了台灣；因此，尖閣既然是台灣的一部分，那日本也應該放棄尖閣才對。儘管如此，日本卻不願放棄尖閣，這無疑是對戰後體制的一種挑戰。中國和台灣正是基於這樣的邏輯來批判日本。」

既然這樣，那麼假使台灣獨立，尖閣就不再是中國的一部分，至少引發日中之間領土糾紛的尖閣問題，便會因此而消滅。當然，在這種情況下，日本和獨立的台灣之間關於尖閣的紛爭還是會持續下去，但或許不會像現在這樣，長期處在劍拔弩張的狀態下了。只不過，中國絕對會阻止這種事態發生吧！

說到底，尖閣的定位原本就相當曖昧。戰後，台灣（中華民國）雖然知道尖閣群島的存在，但直到一九六〇年代末期為止，他們從來不曾向美國和日本主張過該地的所有權。台灣的漁民在一九六〇年代也屢屢登上尖閣，但都被當時擁有尖閣行政權的美國所驅逐，而不管是台灣或是中國，對於美國的舉動也都沒有提出抗議。直到一九六〇年代為止，中國和台灣的官方文件與地圖上，都還在使用「尖閣群島」這樣的日本式名稱；到這時期，尖閣還完全處在日中台三方博弈的視野之外。

然而，就在一九六〇年代末期，聯合國相關機構提出調查報告，指出尖閣周邊有很大的可能性擁有海底資源，情勢至此為之一變。首先是台灣方面宣稱對該地擁有主權，經過大概一年後，中國也提出了類似的主張。中國之所以如此，明顯是受到台灣的舉動所刺激，但究其背景，則是與毛澤東對蔣介石的對抗意識、或者說共產黨對國民黨的對抗意識有關。「絕對不能落後給台灣」；因此，我們可以得知，尖閣問題在身為日中關係議題的同時，其實也反映了兩岸關係的一面。

在這之後，台灣方面為尖閣定下了「宜蘭縣頭城鎮釣魚台列嶼」這樣的一個地址；至於中國，儘管他們在官方文件上認定尖閣是台灣的一部分，也決定了島的名字，卻沒有定下具體的地址。中國對西沙群島等地都賦予了地名並且納入行政區域，但對尖閣則沒有採取行政上的納編行動。

雖然只是推論，不過假使尖閣完全被確定為台灣的一部分，亦即「台灣省」的某個地區，那麼有關尖閣問題的對應，就很有可能變成台灣方面擁有優先權的情況。若是如此，雖然現狀不太可能做如此考量，但假設台灣接受了一國兩制下「高度的自治」，那麼，萬一台灣以「高度自治」為擋箭牌，要求中國停止介入尖閣問題，中國必會陷入窘境。現階段中國的報導與官方文件之所以避免使用「台灣省釣魚台列嶼」這樣的字眼，很可能就是出於這種政治上的顧慮。

日中台在尖閣現場三方對峙

若是主張擁有尖閣主權的中華人民共和國與台灣再加上日本，三方同時出現在尖閣現場，究竟會發生什麼事呢？事實上，確實發生過這樣的狀況。

二〇一三年一月二十四日凌晨兩點四十五分，由台灣社運人士搭乘的「全家福號」，從台灣北部的基隆港啟航。「全家福號」出航的目的，是為了將民間信仰中守護航海安全的主神——媽祖——的神像安置在尖閣群島上。說是這樣說，不過任誰都看得出這只是個「藉口」，真正的目的是要宣揚尖閣（釣魚台）是台灣所有，換言之是一場示威活動。這些所謂的社運人士，是從事「保釣運動」的人。如前所述，馬英九也是保釣運動的支援者，在他成為政治家之後，也還是繼續就尖閣問題對日本嚴厲批判；馬英九之所以討厭日本，一般咸認這也是原因之一。

以戒護這艘「全家福號」為理由，台灣的海巡署（相當於日本的海上保安廳）也出動了四艘巡防艦。出動的艦艇由「和星號」、「連江艦」兩艘中型巡防艦，以及編號一〇〇一八、一〇〇五〇的兩艘小型艇所組成。明明只是漁船航行，卻出動這麼大的艦隊，感覺起來實在很怪異，但是什麼都不做的話，又會遭致「沒有盡到守護在領海活動的國民之責」的批判，所以海巡署不得已也只能跟著這批社運人士的船隻行動。日本時間二十四日上午十一點左右，「全家福號」與台灣的巡防艦進入毗鄰尖閣群島的海域。由於他們是從台灣直線航行而來，因此是從西南方接近尖閣群島。與之相對地，日本海上保安廳的八艘巡視船則是以擋在他們行進路線上的態勢朝著他們迎面推進。

另一方面，中國從二十一日開始便持續在尖閣群島海域航行的「海監二三」、「海監四六」、「海監一三七」三艘海上監視船，也尾隨在台灣船團後面進入毗鄰海域。中國船和台灣船的距離，接近到大約只有零點三海里之遙。這時，台灣的和星號開始對中國船喊話：「釣魚台是中華民國的領土，這裡是中華民國的海域，請你們立刻離開」。

接下來，台灣船團以登陸為目標，試著接近尖閣群島，卻被日本海上保安廳所阻。日本時間同日正午左右，放棄接近尖閣的「全家福號」取出釣竿，擺出一副佯裝要釣魚的架勢，日中台三方的官方船隻，則是團團圍繞在他們周圍。一瞬間，緊張感甚有高漲之勢，不過大概三十分鐘之後，「全家福號」便再次朝向台灣啟航，並於同日的晚上十一點左右回到了基隆。

過去環繞尖閣群島所發生的狀況，大抵都是日本對中國或是日本對台灣，總之就是個別的一對一對決，不過這次卻是頭一遭出現「三足鼎立」的局面。日中台主張彼此糾纏的尖閣問題實態，在這裡化成了現實的景象，從而也發展出嶄新的局面。

拒絕兩岸聯手與《台日漁業協定》

關於這次的狀況，中國方面作出如下解釋：「中國與作為中國一部分的台灣並肩協力，對抗占據尖閣群島的日本。」只不過，中國的政治支配力實際上並沒有抵達台灣，因此這不過是台灣的人們自行決定的抗議行動罷了。儘管中國對台灣有關尖閣（釣魚台）的主張內容並沒有異議，但台灣的人未經許可來到現場，還是讓他們感到相當困擾。因此，中國對台灣展開呼籲，希望能夠結成「兩岸保釣聯合」，而台灣這邊也有些被稱為「統派」的人與之呼應，一時間島內為之騷然。

中國透過媒體攻勢，試圖動搖台灣。走親中路線的台灣報紙《中國時報》，和以強硬民族主義論調著稱的中國報紙《環球時報》，就尖閣群島問題舉辦了一場「史上第一次的兩岸共同民意調查」。結果，在「兩岸是否該聯手對抗日本」這個問題上，相對中國有九十一％認為「應該聯手」，台灣這邊的回答也有達到五十二％的比例認為「應該聯手」。

然而，現實卻是台灣拒絕了這種「兩岸聯手」。二〇一三年二月八日，台灣外交部發表了一篇名為〈在釣魚台列嶼爭端，我國不與中國大陸合作之立場〉的聲明。儘管這篇聲明沒有獲得日本媒體的詳盡報導，因此也沒有充分被傳達出去，但事實上，它的內容非常令人感覺意味深長。

台灣外交部拒絕聯手的主要原因為以下五點：一、雙方主張之法律論述依據不同，難以合作；二、雙方解決爭議之構想不同，難以進行合作；三、中國大陸不承認我具統治權，我國無法與中國大陸協商；四、中國大陸介入之舉動影響台日漁業會談，我方難與之合作；五、兩岸合作須顧及東亞區域平衡及國際關切。這篇聲明表達了在環繞安全保障的尖閣問題上，台灣不與中國聯手，而是希望與美國和日本同一步調的意思。從這份內容也不難想像到，中國除了表面上的行動外，在檯面下也同樣進行了種種動作。

接收到這份訊息後，日本方面也做出了政治決斷。他們以對台灣大幅讓步的身段，和馬英九政權簽訂了《台日漁業協定》。雖然日本政府內部也有水產廳的反對聲音，但外務省秉持「安倍官邸的意向」，硬是壓下了種種雜音。儘管在形式上是犧牲了沖繩的漁業權，但就實際而言，沖繩的漁船大多是小型船，就算從距離最短的石垣島出發，也要單程五小時才能抵達尖閣近海捕魚，會前往那裡的船隻其實並不多。日本政府正是看穿了這一點，所以才捨棄面子，改取實利達成協議。雖然沖繩縣大表反彈，不過實際上日方早在事前就已經將沖繩漁民不致有重大經濟損失這點給考慮進去了。

馬英九在這之後不只一次高唱「《台日漁業協定》是自己任內的重大外交成果」；事實上，這也的確是日本送給馬政權的一個大禮。台灣的保釣運動在這之後就失去了存在感。儘管台灣的保釣是以高唱民族主義的人為先鋒，但這些社運人士本身畢竟是少數，在他們背後真正有力的，是漁民存在的不滿。當這些漁民隨著協定而軟化後，保釣運動也就跟著為之勢衰。就這一點上，可以說是完全落在斷然讓步的日本計算之中了吧！

在日本被部分人士貼上「親中派」標籤的馬英九，在這時候倒是表現得相當堅定。中國方面當然也不會認為這麼簡單就能引誘台灣在保釣議題上聯手，只是為了保險起見，希望透過執拗的呼籲，讓台灣因為顧忌中國而不和日本聯手罷了。結果，台灣竟會和日本握手，想來是他們所意料不到的吧！

這件事情，讓中國的對台政策負責人受到了重大的衝擊。中國外交部的發言人語帶保留地表示：「中國在釣魚島問題上的立場是一貫、明確和堅定的；中國將會密切注意事態的演進與發展。」對於正在持續改善關係的台灣，相當節制地不去直接批判。可是，在中國的網路上，對台灣的批判則是不斷湧現。「馬英九真是怪異至極；竟然跑去和日本進行漁業交涉，難道他完全不在乎主權問題嗎？」「兩岸應當攜手保釣才對，我無法理解台灣的行動。」諸如此類的聲音高漲。扮演中國政府真正心聲代言人的《環球時報》也發表了一篇名為〈兩岸保釣不協調令日本多份囂張〉的社論。

誠如前述，最初提出尖閣問題的並非中國而是台灣；或許就是基於這種正統意識，馬英九發表了自己首創的「東海和平倡議」。這是他只和一部分親信反覆切磋的「祕策」；在這項構想中，他就「自我克制，不升高對立行動」、「擱置爭議，不放棄對話溝通」、「遵守國際法，以和平方式處理爭端」、「尋求共識，研訂『東海行為準則』」、「應建立機制，合作開發東海資源」這五點，向關係各國提出呼籲。儘管這份倡議並未點明具體事項，不過這些主張本身則是融入了《台日漁業協定》當中，因此可說相當有意義。

只是，今後日中台環繞著尖閣所產生的爭議，毫無疑問還會持續下去，而有關主權的問題，也完全不會有定論。正因如此，日本今後在戰略性的尖閣問題上，也有必要拉攏台灣，以使其不和中國聯手；畢竟，對中國而言，台灣乃是尖閣問題不折不扣的「阿基里斯腱」。

「流求」是沖繩還是台灣？

到此為止，我已經論及了南海、尖閣與台灣之間的聯繫，最後來到沖繩。沖繩與台灣，究竟是以怎樣的形象聯結在一起的呢？

台灣和沖繩在地理上的一體性，只要看看地圖便可一目了然。從九州經奄美群島往南的「琉球島弧」，一共包括了四百多個島嶼，形成一道微微向東凸出的平緩曲線，並在台灣抵達終點。台灣和沖繩可以說是「同一個軀體的不同部分」。如果日本列島是上半身的話，那麼沖繩便是大腿，而台灣則是腳尖。琉球列島的最南端，是從石垣島到與那國島的先島群島，而與那國島的位置，又和台灣東海岸的宜蘭縣與花蓮縣連成一氣。

標示沖繩的「流求」這個辭彙在歷史上登場，是在西元六五六年撰寫的《隋書》當中。在那裡面寫著：「流求國，居海島之中，當建安郡東，水行五日而至。」此後中國的史書便屢屢出現「留求」「留球」「流鬼」「留仇」等種種稱呼，不過一般咸信這些稱呼指的都是沖繩。

然而，進入明治時期之後，這種「流求＝琉球＝沖繩」的說法，便出現了有力的反論。法國漢學家聖德尼（D'Hervey de Saint -Denys）提出論證，指出《隋書》的記述其實是在講台灣。接著又有許多歐洲學者陸續發表了關於「台灣說」的補強意見；即使是在日本的學術界，認為流求並非沖繩而是台灣的說法也漸漸成為主流。他們的根據是《隋書》上所寫的「水行五日」這一記載，簡言之，從建安郡出發的船隻不可能在五天內抵達沖繩，但若是台灣，則確實可在五天內航行而至。不只如此，當試著檢視《隋書》中所描述流求的風俗、產物、動植物的樣貌時，更覺得它不像沖繩，而是接近台灣，這也是他們的主張。

不過，沖繩說也沒有就此認輸。他們主張，沖繩也不是不能在五日內抵達，而且隋代比現在氣候要溫暖，所以《隋書》上的描寫就算適用於沖繩也不奇怪。這種反論提出之後，學術界頓時圍繞著琉球分成了「台灣派」和「沖繩派」。儘管「流求」起源說到現在還沒有個結論，不過若是從中國的角度出發，那麼沖繩和台灣都一樣，在古時候都被總稱為「流求」，這種推論也能站得住腳；反正從中國大陸來看，它們都是少有人至的海上島嶼——大致上應該也只能這樣思考了。

不久，隨著時代演進，海上交通日益發達，沖繩和台灣在地理上的區別也漸漸明晰起來；於是，中國稱沖繩為「大琉球」，台灣為「小琉球」。若是論起面積，台灣當然是比較大，不過和十三世紀以來便與中國有深厚交流的沖繩相比，直到十七世紀才終於納入中國影響下的台灣，從中國的角度來看，自然會被定位為「小」的一方。「琉球」這個名稱，直到現在依然存留在台灣。台灣南部的高雄西邊海面上，有座名叫小琉球的島，島上居民以漁業和觀光業為生；另一方面，在台灣北部的基隆，也有個地方叫做「琉球嶼」。

沖繩與台灣，緊緊相連的命運

翻開歷史，琉球王國和中國的清朝、明朝締結了朝貢關係，在政治、經濟、文化等各方面都受到中國極大的影響。在這段期間，琉球王國一方面只保持基本最低限度的武力，被稱為「守禮之國」，另一方面則以從中國收受的賞賜品與交易品為中心，對外貿易之風極盛。然而，到了明治時代，沖繩的命運卻產生了徹底轉變。先是日本政府在一八七五年要求琉球王國斷絕和中國的朝貢關係，接著在一八七九年又決定設置沖繩縣，琉球王國自此從歷史上消失。

沖繩的命運與台灣的命運也是緊緊相連的。日本以琉球漁民遭受暴行為由向台灣出兵，之後隨著一八九五年甲午戰爭的結果，台灣被割讓給日本。從琉球（沖繩）往台灣，不折不扣正是日本南進政策潮流中所產生的現象。

沖繩和日本統治下的台灣一樣，變成日本本土南方的「新領土」，推行了養成日本人的國民教育。但是沖繩又和具有中華文明根基的台灣不同，不管言語或是文化都接近日本，也具備大和民族認同，更加容易創造出所謂的「日本國民」。

另一方面，日本人在台灣被稱為「內地人」，台灣人則被稱為「本島人」；不過沖繩出身者其他日本人則似乎有著實質上的區別。有許多沖繩出身的人渡海來到台灣，擔任漁夫或是煤炭礦工。當時台灣的經濟水準比沖繩高，而沖繩和台灣的一體性，在帝國日本統治下則是更上一層。

然而，後來卻發生了將沖繩和台灣明顯分斷的事態，那就是在太平洋戰爭中，美軍的登陸日本作戰。美國政府和美軍在究竟該從沖繩或是台灣登陸的意見上產生了分歧，主張從沖繩登陸的是麥克阿瑟，主張從台灣登陸的則是尼米茲。最後麥克阿瑟的主張獲得採納，決定繞過台灣，在沖繩實施登陸，於是在哪裡爆發了連平民也被捲入其中的激戰，留下了重大的戰爭傷痕。相較之下，台灣的軍事據點等設施雖然也曾遭到美軍空襲，但受創則相對地小。

當時將根據地設於台灣的日軍第二十方面軍，其守備範圍雖然也包含了沖繩，不過主力則是放在台灣。因此，假使美軍在台灣登陸，大概會爆發比沖繩更猛烈的激戰吧！台灣的面積比沖繩大上許多，山地也多，是相當適合展開游擊戰的地理環境；美軍選擇沖繩，實在是明智的判斷。就這樣，以相對受戰火損害較少的狀況迎接終戰的台灣，充分保存了日本統治時代的產業設施，也為後來國民黨轉移到台灣的行動提供了相當有利的條件。假使美軍不在沖繩而在台灣登陸，那麼之後不管是沖繩或者台灣的命運，毫無疑問都會產生重大的改變吧！

遭到蔣介石拒絕的「中國占領沖繩」

除了麥克阿瑟之外，還有另一位大大改變了沖繩命運的人物，那就是蔣介石。蔣介石成為總統，是撤退到台灣之前不久的事（一九四七年）；在第二次世界大戰結束之前，他是以國民政府的「軍事委員長」身分指揮中國戰區的作戰。在一九四三年的開羅會議上，當討論到沖繩應該如何歸屬的問題時，美國的羅斯福總統曾經詢問中國是否有意領有沖繩，不過蔣介石則是答覆道：「我認為共同委任統治比較適合。」

根據美國史丹福大學收藏的蔣介石日記裡蔣介石親手寫下的記錄，在這段對話中，蔣介石是這樣對羅斯福說的：

（我同意台灣等地應歸還中國），不過只有琉球應當委託國際機構共同管理。這是我提出的提議。之所以如此，首先是為了使美國安心，再者，琉球是在甲午戰爭以前就已經歸屬日本的島嶼。第三，和美國共同管理這個地區，會比我們獨自占領來得更加妥當。（一九四三年十一月二十三日）

其實在這之前，國民政府內部已經從國際法的層面討論過沖繩的所有權問題。蔣介石與國民政府的認知是，由於沖繩（琉球）和朝鮮一樣是中國的朝貢國，儘管有著「保護國」的感覺，但要說中國擁有主權，則是完全不在考量之中。因此，他們沒有自信，不認為自己有足夠的證據能在開羅會議上提出「（將沖繩）歸還中國」的主張。不只如此，國民政府的實力必須保存下來，以迎接和共產黨即將到來的戰鬥；在這種情況下，光是從日本接收台灣就已經很勉強了，再加上沖繩就更加備多力分了——他們毫無疑問，也有著這樣的想法。結果，最後是由在沖繩戰役中付出重大犧牲的美軍單獨占領了沖繩。

中國距離領有沖繩最近的一瞬間，就是開羅會議，但旋即又從中國的手中滑了出去。儘管如此，蔣介石對沖繩依然有著強烈的關心。他在戰後暗地裡支援沖繩的獨立運動，期待隨著琉球獨立、能夠擁立一個親中政權。

美國在一九七二年將沖繩歸還給日本的時候，蔣介石對沖繩的歸屬也多所議論；他向美國主張，不應將沖繩歸還日本，而是應當置於聯合國的管理下。不過蔣介石的意見幾乎沒有得到任何迴響。這時候的蔣介石已經不是開羅會議時處於顛峰之際的蔣介石了，他此時只不過是失去大陸、撤退到台灣後已經過了二十年、一個小小「流亡政府」的主人罷了。當時台灣還是美國的盟國，但這項主張對日美共同規劃的「沖繩返還」完全不構成任何影響。

只是，在這之後，台灣一直維持著不承認「沖繩縣」存在的態度。直到現在，台灣依然使用著「琉球」這個名字。作為國家航空公司的中華航空，在他們的飛行地圖上，一直到最近都還是將「沖繩」標記為「琉球」。儘管現在已經看不出有什麼特別堅持之處，但就算如此，台灣是否已經正式承認沖繩屬於日本，這點還是相當曖昧的。

沖繩與台灣的悲劇——二二八事件

沖繩和台灣的接近，也導致了一樁悲劇，那就是二二八事件中沖繩人的遇害。二二八事件是一九四七年國民黨政權鎮壓台灣人示威，結果造成大量犧牲者的一起事件。在當時，大概是跟台灣人弄混了吧，有相當數量的沖繩人因為被懷疑是日本間諜而遭到了殺害。

直到一九四七年為止，大多數日本人都已經從台灣渡海返回日本，不過沖繩人則是例外。與那國島距離台灣不過一百一十公里，從事地下走私或是以捕魚維生因而繼續留在台灣的沖繩人為數頗多。這些人儘管並沒有參加針對國民黨的抗議，但是因為言語不通遭到懷疑、被當成間諜對待而殺害，據聞共有三十人之多。台灣最北端基隆社寮島（今和平島）上的沖繩人聚落，據說就是這場悲劇發生的現場。

二〇一五年，關於二二八事件與沖繩人被害者的問題，在台灣的新聞上開始流傳。有一位青山惠昭先生，他的父親就是從沖繩移住台灣而在二二八事件中被殺，青山向台灣提出賠償請求，但政府卻判定不須賠償。

青山先生的家人定居在台灣，父親惠先曾經被派到越南作戰，回到台灣的時候正好遇上二二

青山惠昭（作者攝影）

八事件的混亂，結果遭到國民黨軍隊逮捕殺害。儘管台灣的二二八事件紀念基金會認定青山惠先先生是被害者，但台灣的內政部過去卻以「平等原則」否決了賠償要求。在日本統治下，台灣有二十萬人以上被徵為日本兵或軍屬前去從軍，其中有三萬人喪失了性命，但日本政府卻以這些人「不是日本人」為理由，不管是撫恤或是傷殘年金等日本人該領有的補償，全都一概不承認。台灣方面認為這種待遇是不平等的，因此也主張二二八事件不該把日本人當成賠償對象。

在日本和台灣的大故事下，沖繩人的小故事則有被隱沒的感覺，令人思之不禁哀愁難解。青山先生對此表示不服、提起訴訟，結果台北高等行政法院在二〇一六年二月判決青山先生全面勝訴，徹底跌破了大家的眼鏡。

在戰後的台灣，也有以北部港灣都市基隆為據點，推動琉球獨立運動的沖繩人。這場獨立運動的主體是名為「琉球革命同志會」的組織，領導人叫做喜友名嗣正。喜友名是沖繩華裔移民、久米村閩人三十六姓的後代，擁有一個中國名字叫「蔡璋」。他在戰前參加了中國的抗日運動，戰後則在台灣和國民黨聯手，朝向琉球獨立的目標而努力。期待琉球從日本分離的蔣介石特別關照他的運動，因此，他們有一段時期從中華民國這裡得到了相當豐厚的支援。另一方面，喜友名也熱心於支援生活在台灣的在台沖繩人，他設立了「台灣省琉球人民協會」，成功扮演了和國民黨政權之間的窗口角色。

在民族與文化方面，台灣原住民的祖先，一般咸論是隨著黑潮北上的南太平洋民族。再怎麼想，這些人北上的足跡也不會僅止於台灣；這些南島民族的遷移範圍，至少應該有到達與那國和石垣等先島島群才對。我也聽聞過，台灣原住民在聽到先島民謠時，能夠很清楚理解箇中意義。

另一方面來說，歷史時期以來形成的琉球文化屬於日本文化的一支，雖然同時受到來自中國的強烈影響，不過言語和民族還是接近日本。另一方面，台灣的文化構造則是在南島文化的基礎上疊加了漢民族文化。沖繩和台灣之間，以八重山／宮古群島為某種緩衝帶，彼此毗鄰而居、相互往來。

儘管在歷史、地理、文化面上都有相互聯繫之處，但戰後沖繩與台灣的距離並無法拉近。之所以如此，最大的原因正是隨著日本敗戰而在沖繩和台灣之間劃下了國境線；由美軍所占領的沖繩，以及被中華民國接收的台灣，兩者在戰後各自走上了不同的軌跡。沖繩人的意識向著日本本土與美國，台灣人的意識則向著中國大陸，從而使得兩者之間的距離愈發遙遠。但是，像沖繩和台灣這樣在先天條件上如此相似的地方，實在是極為罕見。兩者皆是位於東亞地理上的邊境、皆是位在海路要衝的位置、也同樣經常被捲入日本、中國、美國等大國間的博弈之中。

中國的「台灣問題」，與日本的「沖繩問題」之間，也有驚人的共通點。現在，不管在沖繩或是台灣，要求所謂「自決權」的輿論聲浪都相當高昂。儘管兩者的獨立呼聲都還稱不上太有力，不過「台灣是台灣」、「沖繩是沖繩」的主體意識則都相當強烈。這樣的沖繩卻與台灣持續疏遠，感覺是有點可惜了。但願兩者今後能夠產生更深的聯繫，至少在感情面上能夠比起現在更加找回那種鄰居的感覺，我由衷期盼這一天的到來。

在邊野古問題上「台灣化」的沖繩

若是論及在台灣和沖繩兩方取材的來龍去脈，我有一種感覺，那就是現在的沖繩，似乎正在持續地「台灣化」。這個沖繩「台灣化」的論點，或許會讓覺得「沖繩愈來愈靠近中國」的人感到一陣納悶，不過這項議論，主要是從認同與民族主義的觀點出發，至於政治上靠近哪邊或疏離哪邊，這又是另一個問題，請容我在此別過不提。

日本政府與沖繩縣圍繞著美國海軍陸戰隊邊野古基地建設的對立，就填海造陸工程的合理與否，現在已經在福岡高等法院那霸支部展開了法庭激鬥。然而，邊野古問題的主戰場，絕對不是在法庭之上。說到底，我們該問的是：安倍政權能否擊破反對移設邊野古的「翁長縣政＝all沖繩」體制？（譯注：all沖繩，指的是反對美軍普天間基地遷移至邊野古的政治統一戰線運動，其意為「跨越保守和革新的壁壘，讓沖繩一致團結」，代表人物即是沖繩縣知事翁長雄志。）日本政府又是否能夠分裂、削弱「all沖繩」背後的「沖繩認同」呢？

現在沖繩發生的事態，其實可以想成是這樣子：原本屬於日本底下一個地區的沖繩，因為基地問題這個主要理由而強化了沖繩認同，並且自然歸結為「民族主義」的覺醒，從而要求更深一層的自主決定權。這就某個層面來說，和這二十幾年來民主化後的台灣所發生的變化頗有相通之處。在台灣，身為「中國一部分」的這個舊有「常識」產生了動搖，「台灣就是台灣」的認知成為主流化。認同和民族主義雖非同一事物，但彼此間則有親和性。認同強化的契機，在相當程度上是和民族主義的盛行彼此相連的。

即使在現在的沖繩，似乎也可以看到「沖繩真的算是日本嗎」的懷疑，以及對本土的不信任感，正在同時擴散開來。在沖繩的論壇上，「歧視」、「自決權」等用語，相當自然地漫天飛舞。以沖繩的現狀，難道不能將之視為「台灣化」的初期階段嗎？

從歷史的角度來看，沖繩對日本而言是「新領土」，這是毋庸置疑的。對日本人來說，「我是日本人，也是日本國民」，這是不證自明之理，可是在沖繩卻非如此。沖繩人的心理是，「即使想成為日本人，也無法如願以償」；將這種心理一語道破的，是沖繩縣第三任知事西銘順治。「沖繩人」和我們所說「東京出身」或者「九州出身」有著明顯區別，種族認同的色彩相當濃厚。關於這點，只要切身感受過沖繩人對「Uchinai（沖繩人）」和「Naichai（本土人）」之間強烈的區別，毫無疑問都能清楚察覺到才對。

在這樣的基礎上，沖繩歷經了第二世界大戰末期淒慘的地面戰、從本土單方面被切離的美軍占領、以及復歸後美軍繼續駐留所造成的過重負荷，這種種惡劣條件加在一起，使得沖繩蘊育出獨自認同感的條件更加齊備。二〇一四年反對邊野古基地移設的翁長知事出現、以及反邊野古派在眾議院選舉中獲得全勝，在在都顯現出包含保守派在內的沖繩民族主義正在熱烈發展。正因如此，將目標收束到「重整、縮小美軍基地」這一點的「all沖繩」才會變成可能；也正因如此，在翁長縣政的選舉中，才會出現這種象徵性的標語——「比起意識形態，認同更加重要」。

儘管現在認真考慮獨立的沖繩人仍是極少數，但基地問題的解決遙遙無期，這種焦慮的心情，毫無疑問會讓「身為沖繩人」，和「身為日本國民」之間的距離感日益擴大。認同一旦深化，它所產生的動搖就會安靜但確實地進行。這種政治的影響力必定會隨著投票行為反映在政治上，這是已經在台灣實證過的進程。當然，今後日本政府也一定會繼續設法瓦解「all沖繩」吧！正如二〇一六年一月舉行的宜野灣市長選舉，「all沖繩」徹底慘敗在自民黨候選人的手中那樣，阻止邊野古的道路依然崎嶇難行。

即使是我也不認為，還殘留有強烈日本意識的沖繩認同問題會這麼簡單地完全走向「台灣化」。可是，若是輕忽這個問題，那麼日本有朝一日必定會為了不知何時已然根深柢固的沖繩主體意識而大傷腦筋。假使那一天到來的話，今天為台灣主體意識焦頭爛額的中國，或許就是那時日本的寫照了吧！

第五章

台灣認同

不被允許的台灣認同

在本章中，我想試著探討對現今台灣而言，最為關鍵的議題—認同（identity）問題。Identity亦即「你是什麼人」，這問題在台灣是以「認同」兩字來表達。在日本，姑且不論愛奴人與沖繩人，大多數的日本人，不論在總稱（日本人）、民族（大和民族）、或是國籍（日本國民）上都相當均等一致，所以在現今的日本幾乎不存在能夠蘊育出「你是什麼人」這個問題的土壤。也正因如此，幾乎沒有民意調查會去詢問每個人的「認同」如何。

可是，在台灣，認同問題在政治、社會、文化等一切層面，都被認為是極其重要的問題，而政府、研究機構和媒體，也都相當熱中於進行這方面的民調。之所以如此，是因為在台灣構成認同的主要要素乃是「〇〇人」這樣的稱呼：「我是中國人（不是台灣人）」、「我是台灣人（不是中國人）」、「我是台灣人，也是中國人」，這三種類型同時並存，並與政黨偏好和民族主義的動向有著密切的關聯。

認同與民族主義

回顧歷史脈絡，在日本統治時代，從台灣人的自治運動中萌生出了台灣認同的幼苗。可是，在此同時，由於對身為祖國的「中國」存在抱持著強烈意識，因此「台灣」基本上還是在「中國」這個大的框架內，以一種「次民族」的感覺被掌握著。另一方面，台灣社會在歷經日本半世紀的統治後，坦然擁抱「日本人」意識的人也日益增加。一九四五年終戰時的台灣，就是處在「心向台灣」、「心向祖國（中國）」、「心向日本」這三者彼此交錯糾纏、極其複雜的狀態下。

隨著戰敗的日本離開台灣，「心向日本」一時之間遁入水面下，「心向祖國」的聲浪則變得高漲，並迎向了中華民國的接收行動。只不過，當初狂熱歡迎回歸祖國的台灣人，隨著國民黨苛酷的鎮壓與高壓政治，「心向祖國（中國）」的認同開始減退，「心向日本」則復活了起來。另一方面，由於國民黨一黨專制下的國家教育與宣傳機器持續強力宣傳「心向祖國」的緣故，這三種認同在這之後一直沒有統合起來。在「心向台灣」的思維中，內化了與「心向祖國」對立的「心向日本」認同；這種狀況一直存在於台灣社會之中，直到今日。在台灣社會裡，那些「心向祖國（中國）」的國民黨支持群眾，之所以屢屢將「心向台灣」者的對日觀念批判為「媚日」，透過這段歷史的來龍去脈，應該能夠對此現象有所理解。

一九八〇年代以前的國民黨政權，幾乎是日夜不停地透過教育和宣傳來灌輸「台灣人乃是中華民國的中國人」這一概念。在這以前，有關認同的統計資料並不存在。「你是中國人嗎」這個問題，在政治上是不被允許的禁忌，當時能夠公然說出自己是「台灣人」的，大概就只有在海外從事獨立運動的人了。

認同問題在台灣顯著化，一直要等到一九八〇年代末期民主化的開始。當時擔任總統的蔣經國在死前不久說出「我在台灣居住、工作四十年，我也是台灣人」這樣的話語，正是最明顯的象徵。雖然我們無從得知蔣經國這時候的意圖，但當總統開始說出自己是「台灣人」的這個時點，「台灣認同」這個潘朵拉的盒子，便已掀開了它的蓋子。

在一九九二年以來便一直追逐著認同問題的政治大學選舉研究中心民調當中，可以看出有關這方面的明確動向。在開始調查的一九九二年時，回答「（我是）中國人」的人數超過二十五%；回答「既是台灣人也是中國人」則占了最大勢力，接近五十%。我們可以將這樣的想法理解為：作為地方集團的「台灣人」，是在「中國人」這個大定義下得到其定位。換言之，「中國人」派占了四分之三的多數，而回答「台灣人」的，則不過是十九%上下。

不過，這種情況到了二〇一五年已經為之一變。回答「台灣人」的比例超過了六十%，「既是台灣人也是中國人」有三十三%，至於「中國人」則只剩下三%左右的程度而已。在認同上產生如此戲劇性的變化，這在全世界或許是絕無僅有的！這種變化普遍被視為不可逆的進程，隨著年輕世代的增加，「台灣人」派今後還會繼續擴大，以現在四十到六十歲為中心的「台灣人／中國人」派會縮小，至於已經邁入高齡化、以外省第一代為中心的「中國人」派，則會隨著他們的壽命凋零，變得無限接近於零！在台灣，認同問題可說是「勝負已定」了。

不可逆的「台灣人派」增長

由於這種台灣認同的變化，最近我在和台灣人說話的時候，都不使用「你們中國人」這種用語了。「不，我是台灣人」，對方搞不好會這樣回答，同時在內心暗自想說「這人真是不了解台灣」！這跟日本人在外國被誤認為韓國人或中國人時，會直率地說「不，我是日本人」，並要求對方修正的感覺，或許也頗為相近。

這種狀況在台灣稱為「本土化（或者台灣化）」，簡單說，就是把台灣看成是自己安身立命的土地。或許對日本人來說會覺得很不可思議，不過在一九八〇年代以前，台灣的政治和教育都強調「台灣是中國的一部分」，也不鼓勵對台灣的鄉土之愛；和如今的狀況相比，簡直有恍若隔世之感。

過去台灣的教科書念茲在茲的都是「中國化」，介紹中國大陸的地理和風土占了全部內容的核心部分。它們要求學生背誦從北京到上海的車站名，還有中國的高山和長河排名，但對台灣的狀況則幾乎棄而不學。

當我在台灣生活的時候，我曾經盡可能走訪了許多土地；我走遍了所有的縣市，環繞了各個島嶼。當我將這些體驗告訴台灣友人的時候，四十歲到六十歲人的反應是這樣的：「到那種鄉下去做什麼？」明明只是小小的台灣，卻不曾踏足高雄、台北大都市以外的地方，反而經常跑到美國或日本，這樣的人相當多。或許是「中國化」籠罩了社會全體的時代背景，讓他們養成了輕視台灣的習慣吧。可是，現在的年輕人完全不同。到一九九〇年代為止，要找本詳細介紹台灣各地的觀光指南都得大費周章，可是最近有關台南、宜蘭、花蓮、台東等，按地區分類、厚厚一本的相關書籍，在架上幾乎排成了一整排。想要了解、想要前往台灣社會各個角落的渴求，正在逐漸滲透之中。

與民主化平行推進的本土化

在台灣，本土化與政治的民主化是平行推進的。民主化是制度變更，而本土化則是擢升台灣出身的本省人、推廣台灣話、變得熱愛台灣的種種事物，這一個又一個現象彼此匯流、宛若大河般的壯麗場景。民主化刺激了本土化，本土化則給了民主化更加熾烈燃燒的能量。四年一度的總統大選是民主化的結果，而在總統大選下，採用本土化路線的政治活動與言論逐漸擴展開來，從而使得政治家在民主制度的框架內變得更加本土化。這是一個自給自足的循環，甚至足以對中國嗆聲說：「台灣問題是由台灣內部的要因來決定，和大陸以及兩岸關係無關。」因此，我們可以說，「民主化與本土化的二重奏」，就是我們在這三十年間從台灣持續聽到的主旋律。

二〇一五年，我在日本與台灣出版了《銀幕上的新台灣：新世紀台灣電影裡的台灣新形象》這本書，書的內容主要是就二〇〇五年至二〇一四年這十年間，台灣電影所呈現的本土化現象進行分析。譬如二〇〇七年的電影《練習曲》，儘管只是描述一位年輕人騎單車環繞台灣一圈的單純內容，卻在年輕人間引起了廣大的迴響。雖然電影的主題是「認識台灣」，但是為什麼台灣人對於認識台灣的過程會感動不已呢？在我想來，這正是因為台灣的人們透過這部電影，產生了對自己本土化的「感同身受」。其他還有二〇一三年公開上映的紀錄片《看見台灣》，這只是一部在一小時半的時間之內，透過空拍攝影呈現台灣的風景，內容極其簡單的作品，但台灣人卻被當中的美所震懾、為環境破壞而淚下；最後，這部作品賣座超過一億新台幣，成為紀錄片中極為特殊的大熱門作品。凡此種種，都是不與本土化結合觀之就無法解釋的現象。

本土化帶給台灣政治的衝擊是巨大的。畢竟說到底，選舉就是一場贏得多數的遊戲；在台灣意識主流化的本土化社會裡，如果不設法給人一種強調「台灣」的印象，那就無法在選舉中獲勝。為此，在選舉中，不管哪個候選人都連番呼喊著「愛台灣」；假使有人做出矮化台灣價值的發言，那一定會遭到選民猛烈圍勦、徹底摒棄。這已經成為了政治現實，即使以外省人為核心的政治勢力根深柢固的國民黨也無法無視，並且從根底改變了台灣政治。

「維持現狀」的意味

可是，卻有一個和「本土化」乍看之下互相矛盾的現象，那就是輿論對「維持現狀」壓倒性的多數支持。當選總統的蔡英文，在選舉前也高舉「維持現狀」作為她的對中政策。不過，另一方面，民進黨是在黨綱中明白指出「將來要獨立」的政黨；或許也會有日本人認為，台灣若要獨立，在民進黨獲得選舉壓倒性勝利的此刻，正是大好時機。可是，在民意調查中，對「維持現狀」的支持度，依然是壓倒性的高。台灣人的心裡面，到底在想什麼呢？

關於維持現狀的意見，我們可以試著看看客觀的數據。在台灣報紙《聯合報》於二〇一六年三月進行的民意調查中，一共列出了「馬上獨立」、「先維持現狀，之後再獨立」、「永遠維持現狀」、「先維持現狀，之後再統一」、「馬上統一」五個選項。這可以說是最能清楚思考這個問題的選項條列方式了。

其結果如以下所示：

「馬上獨立」	十九％
「先維持現狀，之後再獨立」	十七％
「永遠維持現狀」	四十六％

「先維持現狀，之後再統一」　八％
「馬上統一」　四％

從這當中，我們可以清楚解讀出以下的狀況：
＊維持現狀派是高達七十一％的大勢力。
＊非統一派是八十八％的最大勢力。
＊獨立和統一，都不是當下的選項。

就我實際的感覺來說，「先維持現狀，之後再獨立」的比例應該還要再更高一點。「永遠維持現狀」會有四十六％之多也是可以理解的，不過這和認知到中國的大國化這一事態後，對台灣的將來充滿不確定感或許也有關係。

接下來，讓我們試著看看台灣負責對中關係的大陸委員會，長年以來一直進行的統獨問題調查狀況。二〇一五年十一月的調查結果如下所示：

「先維持現狀，之後再決定」　三十七．五％
「永遠維持現狀」　二十七．五％
「先維持現狀，之後再獨立」　十九．二％
「先維持現狀，之後再統一」　九．三％

「盡早獨立」　四・六％
「盡早統一」　一・五％

即使在這裡，維持現狀派還是壓倒性的最大勢力。獨立派約是超過兩成的程度，統一派則止於一成左右。此一傾向基本上在這十年間，幾乎沒有什麼大變化。反過來說，政治家如果不用各自的語言闡述「維持現狀」的話，要當選幾乎沒有任何指望，這就是現實的判斷。

讓我們再試著更深入窺探台灣人的心理。美國杜克大學從二〇〇三年到二〇一四年，不斷針對「台灣人對兩岸關係的『條件偏好』」進行調查取樣；在這十二年間，「若是中國不對台動武，則支持獨立」這個回答的比例，經常都在八十％左右。由此可見，維持現狀是一個以徹底「消極選擇」之姿浮現的答案。「若是能自由選擇的話，我們會選擇獨立」是台灣絕大多數人的意見。可是，任誰都看得出來，目前這是個不可能實現的選項；正因如此，所以才會選擇「維持現狀」。如果不能理解這點，那就無法看清台灣維持現狀政策的本質。當然，有鑑於現今的國際情勢，選擇美中兩大國事實上一齊追求的「維持現狀」，所能獲得的利益相當大；因此，會依據這種現實判斷而做出選擇，自也不在話下。

只是，縱使政治會隨著維持現狀政策而固定化，但人心卻不會。台灣社會中的台灣意識強化，在維持現狀的框架下，雖然安靜、但確實地在進展著。經常有人問我說：「隨著時間經過，對台灣和中國哪一方有利？」這時我的回答總是「對台灣有利」。台灣認同的意識，以及其所帶來的選舉結果，對台灣而言，正是抵抗中國統一的安全保障。

在台灣，表明民意的手段，不只是四年一度的總統大選，若是連地方選舉也包含進去，則幾乎每年都可以展現一次。就像太陽花學運這樣，若是執政者的對中政策有問題，民眾馬上就會起來表示意見，並阻止政權的行動。

對於這種民意，即使是中國也沒有有效的介入手段。台灣人的台灣意識，在這二十年間基本上是持續且逐步在高漲，但中國方面對此事實上無計可施。另一方面，中國的經濟規模在這二十年間大幅超越了台灣，這對台灣確實衝擊匪淺。台灣意識的高漲在二〇〇〇年誕生了陳水扁政權；中國的崛起在二〇〇八年催生了馬英九政權；然後，我們可以說，台灣意識的鐵壁再次阻止了國民黨的政權長期化，並促成了蔡英文／民進黨政權的誕生。

兩岸的軍事平衡已經大幅傾向中國，經濟方面台灣的實力也遠遠不及中國，台灣所剩下的，也就只有民意而已；然而，正是這份民意，事實上已經變成了守護台灣最強力的一面「盾牌」。

另一面盾牌——中華民國

在這裡，讓我們試著思考有關台灣的另一面「盾牌」；這面盾牌，就是「中華民國」。中華民國，已經變成了台灣藉以維持現狀的盾牌。

馬英九的頭號心腹金溥聰。（作者攝影）

身處台灣的中華民國體制，原本是個流亡政權，也可以說是所謂的「外來政權」。這本來是理應隨著時間經過而加以「克服」的事物，然而，它也可以反過來變成守護台灣之用——對我這樣說的，是馬英九的頭號心腹，歷任駐美代表與國家安全會議祕書長等職位的金溥聰。

二〇一一年，當金溥聰以國民黨祕書長身分訪問日本之際，我在目黑的旅館中，和他進行了一場長時間的訪談。當時金溥聰是這樣跟我說的：

「中華民國是台灣的護身符。」

中文的「護身符」，意思就等於是日文的「御守」。那麼，為什麼中華民國會是台灣的護身符（御守）呢？仔細咀嚼這番話的含意後，我似乎變得開始能理解中華民國今日的意義；最後，我終於得到了這樣的認知：「放棄反攻大陸、台灣化的中華民國，對台灣的人民而言，或許已經不再是應予『克服』的對象了。」

中華民國是辛亥革命推翻清朝時建立的國家名號。它原本和台灣是沒有任何關係的。在蔣介石與蔣經國擔任總統的時代，自稱「中國人」，指的便是身為「中華民國人」的中國人。那麼，現在的台灣人，會想要馬上捨棄中華民國這個名號嗎？隨著認同強化而覺醒的民族主義會尋求建立「台灣國」嗎？關於這點，答案實在不能說是「Yes」。

對於台灣頭上的中華民國這個稱呼，在日本，自從和大陸的中華人民共和國建立正式外交關係以來，不只在官方場合從不使用，在我們媒體間過去也是一概不用；即使是現在，使用通例也都是要加上引號，變成「中華民國」。換言之，這是個對日本人而言相當陌生遙遠的辭彙。可是，實際上的情況是，台灣人生活在中華民國憲法之下、選舉中華民國總統、拿著中華民國身分證和護照安居樂業。作為一個政治體制，中華民國確實活生生存在著。

中華民國體制，原本是以包含中國大陸和台灣的領土為前提。另一方面，中國則是高舉「一個中國＝中華人民共和國」。儘管中國在這一點上寸步不讓，但台灣不捨棄「一個中國＝中華民國」這件事，反而變成他們覺得可圈可點之處。對中國而言，台灣獨立才是現在首先要打壓的對手；換言之，隨著時代變化，中國的主要敵人已經由中華民國變成了台獨。在這當中，只要維持在中華民國憲法下的「一個中國」還殘存在台灣，中國就可以感到安心。

馬英九充分利用了這樣的邏輯。二〇一五年十一月舉行的兩岸高峰會（馬習會）中，作出了這樣的陳述：

「九二共識的內容完全不涉及『兩個中國』、『一中一台』、與『台灣獨立』，因為這是中華民國憲法所不容許的。」

這番話正是中國想要聽的。馬英九向中國傳達，現在一切都在中華民國憲法的框架之內。這是一段台灣不管哪方勢力都很難加以批判的內容。面對中國的攻勢，以中華民國為盾牌來掩護，從而守住台灣的主體性立場，這就是在實踐前述金溥聰的「護身符」說法。

即使在總統大選，也成為熱門議題的中華民國

在二〇一六年的台灣總統大選中，國民黨與民主進步黨的兩位候選人，環繞著對中華民國的態度，展開了持續不斷的舌戰。為什麼甚至被認為是虛構的中華民國，卻會在台灣選舉中浮上成為重要議題？說起這點，主要還是「不願捍衛中華民國的人，只會激怒中國，令台灣陷入危險」這種邏輯在某種程度上似乎擁有一定的說服力。

國民黨取消女性候選人洪秀柱的出馬資格後，新的總統候選人朱立倫吹起了反擊的號角。他表示：「若是蔡英文當選，將來搞不好會修憲、改變中華民國的國名。」

對此，蔡英文則是用頗為含蓄的言語做出反駁：

「民進黨不等於台灣，國民黨也不等於中華民國。」

這句話的意思是，民進黨不等於台灣本土化的擁護派，而國民黨也不等於中華民國體制的擁護派；其言外之意即是，民進黨也是中華民國體制的肩負者。畢竟，蔡英文出馬參與的，也是中華民國總統的選舉。

可是，朱立倫並沒有放緩攻擊的腳步，他又接著這樣說：

「國民黨的國家定義很清楚，就是捍衛中華民國。」

現在，中國採取的立場是「以不推動台灣獨立為限度，和台灣的政治體制維持和平的關係」，而這種立場是和馬英九政權下、連結兩岸關係的關鍵辭彙「九二共識」彼此相繫的。

看出民進黨在二〇一六年大選中處於選戰優勢的中國，將「民進黨遵守九二共識，乃是未來對話的基礎」這幅踏繪擺到了民進黨的面前。九二共識，是台灣和中國在互不否認「一個中國」的信賴關係基礎上，讓雙方對「一個中國」的同床異夢暫不構成問題的方法。前往美國訪問的蔡英文也表示「將會留在中華民國體制的框架內」，以使美國安心。畢竟說到底，不管對中關係也好，還是對美關係也好，否定中華民國體制，對現在的台灣一點好處都沒有。

在蔣介石與蔣經國的時代，中華人民共和國與中華民國所進行的是賭上生命、只有一方殘存的零和遊戲；這時，中華民國是張危險的牌。可是，隨著民進黨崛起，不否定「一個中國」的中華民國，對中國而言反而變成了比較好打交道的對象，環繞著中華民國的戰略構圖也為之一變。

在過去的台灣，獨派一直否定中華民國、並致力於建設「台灣共和國」，民進黨也在黨綱中明白揭示「台灣獨立」；另一方面，國民黨則是中華民國體制的忠實保護者，兩派圍繞著這樣的主軸彼此對立。同時，這也是中國民族主義與台灣民族主義深刻的對決。

在二〇〇〇年總統選舉中勝利的民進黨，原本應當是扛起台灣民族主義大旗的旗手，但卻深陷於作為「中華民國總統」的自我矛盾之中、無法自拔。儘管陳水扁總統盡可能地試著將台灣許多團體名與地名削去「中華民國」，改成「台灣」，但不僅是對中關係，就連對美關係也惡化，結果將台灣逼入國際孤立的境地。對這件事的反省，深深烙印在民進黨的心上。

在這之後，二〇〇八年登場的馬英九政權，則是強調維持中華民國體制、遵守「一個中國」的框架，以此令中國安心、令兩岸關係安定，從而拭去「麻煩製造者」的印象。

維持中華民國體制，其實是李登輝的發明

只不過，這說起來也並不是馬英九的獨到發明；這種一邊維持中華民國體制、一邊與中國保持微溫關係的方法，其實早在一九九〇年代就已經由李登輝提出了，當時的論點是：「台灣已經是個主權獨立的國家，它的名字叫中華民國」。

李登輝在中國被當成是「獨派頭目」加以批判，在日本社會也有被視為「台獨領導人」的傾向，但實際上他是一個抱持著非常現實的態度、主張「為了維持事實上獨立的狀態，必須利用中華民國這個政體」的政治家。在這層意義上，馬英九路線其實可以說是繼承了李登輝路線。長期

而言姑且不論，但若是以五年、十年來看，「台灣化的中華民國體制」，對台灣整體來說都是有用的。因此，這次的選舉，其實也可以說，就是爭奪中華民國這面旗子的一場鬥爭。

當然，若是仔細來看，對中華民國的看法，在台灣還是有相當的分歧。馬英九以及從總統候選人寶座上被拉下馬的洪秀柱，他們的支持者是屬於「不捨棄中國認同的中華民國派」；但包括立法院長王金平在內的有力人士，則是屬於對於兩岸統一沒那麼強烈興趣的「抱持台灣認同的中華民國派」。至於總統候選人朱立倫究竟屬於哪一派，目前還不是很清楚，故在此暫作保留。

另一方面，即使在民進黨內部，以蔡英文為首的領導階層也是採取「抱持台灣認同的中華民國派」這一立場。不過，黨內外的獨派人士則是所謂的「中華民國解體派（獨派）」。結果，在輿論主流為「維持現狀」的今日，「抱持台灣認同的中華民國派」掌握了「維持現狀」的絕大多數。至於主張變更國號的台灣獨立，因為是和維持現狀背道而馳，所以儘管這個理想受到肯定，但在作為政治選擇的對象上卻乏人問津。

這種認同與民族主義的關係，可說是個非常耐人尋味的現象。說到底，原本「台灣認同」就是以和「寄寓於中華民國之上的中國認同」對抗的形式而成長起來的。可是，現在的台灣認同，是以中華人民共和國而非中華民國為對抗的敵手。這就意味著，已經台灣化的中華民國不是台灣認同的敵人，也找不到任何與其對抗的意義。在台灣，已經台灣化的中華民國，可說正在蛻變為台灣民族主義的載體。

這種在維持中華民國的形式下肯定台灣獨立的想法，被稱為是「華獨」。這個詞的意味是，並非「台灣獨立」，而是「中華民國獨立」。儘管站在維持台灣獨立的立場上，但因為不必發表獨立宣言，所以中國和美國也無法多置一詞。從「華獨」產生出來的並非「一中一台」，而是「兩個中國」；只是，對中國還是可以宣稱「不捨棄一個中國原則」。正因如此，乍看之下，「華獨」似乎是當前台灣最合理且最安全的政治選擇了。過去這種觀念曾經有「獨台」、「B型台獨」、「國獨」等多種稱呼，不過最近因為強調中華民國的利用價值之故，所以「華獨」似乎變得比較常見。

天然獨的崛起

不過另一方面，要說台灣的民情輿論就是一味地為了適應國際情勢而趨向現實，那倒也未必盡然。自民主化開始至今三十年，在「維持現狀」的同時，台灣不論以前或是現在，內部都時時刻刻在產生變化。

成為台灣新興關鍵勢力的，是所謂的「天然獨」（也有人稱為自然獨）。天然獨的意思就是「與生俱來的獨立派」。台灣自二〇一四年夏天開始，便對此產生了熱烈的議論。天然獨勢力理論的領袖，是台灣中央研究院的副研究員吳叡人，同時也是我的老友。前些日子在用餐的時候，他用這樣的方式，對我說明了天然獨的定義：

「天然獨」，指的是與生俱來擁有台灣認同的年輕人。（作者攝影）

「感受不到除台灣以外認同的年輕人」、「他們不像我們這樣，需要『轉向』」。

在今日的台灣，一九七〇年代前出生、四十歲以上的人們，都受過國民黨的「中國化教育」；陳水扁也好、蔡英文也好、吳叡人也好，都是如此。他們所擁有的台灣意識，是必須靠著自主且有意識地突破被黨國教育根植的中國意識方能達成，這一進程即是吳叡人所說的「轉向」。因此，吳叡人這個世代不是「天然獨」，而是所謂的「轉向獨」。蔡英文和陳水扁也都可以歸入「轉向獨」的範疇之內。

在他們更前一個世代，則是因為厭惡國民黨的專制政治而從台灣逃亡海外，從事獨立運動的「老台獨」。這些老台獨的主張稱為「法理台獨」。他們宣稱，雖然日本在《舊金山對日和約》中放棄了台灣，但是並沒有講明台灣該歸屬何方，故中華民國沒有繼承台灣的權利；也正因此，台灣是有可能獨立的。這種論點是想從法理論上為獨立打下基礎；但另一方面，說得極端一點，天然獨則是這樣一群人：他們完全不需要理論，極其自然地就認定台灣已經獨立、或者應該獨立，因為台灣就是台灣。

隨著年輕愈顯增加的獨立支持層

根據中央研究院社會所「中國效應研究小組」在二〇一四年所做的調查顯示，在青年世代（二十至三十四歲）中，支持台灣獨立者達到五十六％。壯年世代（三十五至四十九歲）為四十六％，中老年世代（五十歲以上）則降低到四十一％。全體平均值是四十六％，年輕世代則是突出地高。對獨立的支持，在台灣整體有著平穩增長的傾向，而隨著世代遞嬗，否定獨立派消失、肯定獨立派萌生，這種自然增加狀態也是清晰可見。誠然，上個世代將中國視為祖國的傾向還是很強烈，但是年輕人已經幾乎沒有什麼對中國的「祖國意識」了。

當我造訪二〇一四年三月爆發的太陽花運動現場時，一塊學生使用的留言板吸引了我的目光。在那個寫下運動參加者各自思緒的角落裡，上面寫著的幾乎都是「台灣獨立」。

在台灣，「台灣獨立」原本是個更加隱晦的聲音。「台灣獨立實在太危險，一般有常識的人都不會這樣說」，充斥在社會表面的都是這樣的感覺。可是，像太陽花運動參加者這樣的高學歷年輕人，卻一往無前、抬頭挺胸，直接明確地講出「獨立」兩字，這讓我不禁感受到強烈的衝擊。他們明知這不是件容易的事，卻還是為了理想和理念，從心裡坦率地追求著獨立。

與之相對地，反方的國民黨陣營則有陳長文發出銳利的反論。陳長文既是法學家也是律師，是馬英九在哈佛的學長也是他的政治顧問。陳長文在報紙專欄上回顧起他和某個學生之間的議論：

當時，這位學生和陳長文就台灣政治展開了討論。他對陳長文這樣說：「台獨是信仰，但反台獨不是；信仰產生說服、信仰產生力量，當信仰與非信仰對決，信仰的力量會大於非信仰。」

聽了這話的陳長文，做出了這樣的思考：

我忽然理解，為什麼國民黨在青年認同的爭取上，會出現障礙。那已不只是組織層次的問題，更是思想層次的問題。

我讀了這篇文章，也有種自己內心的迷惑一下子豁然開朗的感覺。這是理想主義和現實主義的對決。馬英九和國民黨所要講的，用簡單一點的話來說就是：「與其觸怒中國，不如讓他們開心、跟他們交好比較好；這樣的話會有很多好處，也不會讓世界嫌惡。」

國民黨的資深政治家、和日本有深厚交誼同時也擔任過台灣對中國的窗口機關（海基會）董事長的江丙坤，在過去接受我採訪的時候，就曾這樣說過：

> 國民黨與民進黨最大的差異在於，國民黨主張經濟優先，民進黨則是政治優先。國民黨是現實主義，民進黨則是理想主義。國民黨主張和中國交往，民進黨則想遠離中國。可是，若在理想主義下遠離中國，則會造成兩岸關係的不穩定；兩岸關係不穩，台灣就會被國際社會所孤立。

這是很具說服力的分析；當時台灣人選擇的不是民進黨而是國民黨，因此這也是很理所當然的路線。可是，儘管這種想法在政策判斷上或許合理，但對台灣和台灣人的未來，卻完全沒有提出任何的判斷。它只是一味地用大人的眼光，要求「認清現實活下去、和中國交好吧」而已。可是，在思考該如何活著的時候，維持現狀這種話真的能夠感動人嗎？不，它只會讓人搖頭歎氣，但感動卻是「零」。這樣的東西，是打動不了年輕人的。「正因如此，國民黨將會失去年輕人的支持吧！」陳長文如是預言。

民進黨在將台灣獨立視為理想的同時，也曖昧地將自身目標設定為「要看條件是否成熟、而非現在就進行台灣獨立」；他們承認，中華民國這個框架乃是眼下最大公約數的選擇。當然，這種想法也絕非「信仰」，而是基於現實的判斷。可是，和對於未來完全不曾提出任何理想與信仰的國民黨相比，民進黨「總有一天要獨立」的肺腑之言，任誰都看得一清二楚，因此，比起國民黨，他們可說更具備了作為「天然獨」世代選項的條件！

與太陽花密切相連的野草莓運動

天然獨與政治的結合，是從何處開始萌生的呢？這是一段成長的歷程；最初只是一條不起眼的涓涓細流，但最後卻演變成太陽花運動的滔天巨浪。當然，在談起這段歷程時，「中國」的存在是不可或缺的。事實上，正是因為「中國」這一存在逐漸迫近眼前，台灣的年輕人，才開始注意到自己「內心的台灣」。

二〇〇八年，中國的對台窗口機構——海峽兩岸關係協會（海協會）——會長陳雲林訪問台灣，引發了群眾的示威抗議。當時有許多年輕人頭一次以直面中國的形式參加了這場示威。作為晚宴會場的台北晶華酒店，以及陳會長住宿的圓山飯店都被年輕人所包圍，一時間令陳雲林陷入動彈不得的狀態。當時正在台灣的我也參與了這場示威的取材，不過不幸地被年輕人投向警察、裝滿糞尿的寶特瓶給擊中，整個人臭不可聞，可說是相當慘烈的一場經歷。這項運動被稱為「野草莓運動」。

在這之後，運動從表面看來似乎收斂了下來，但是參加野草莓運動的年輕人此後則活躍在台灣屢屢掀起的反中國相關運動中，並習得了運動相關的技術與知識。

二〇一二年，當在中國經營事業的零食業者「旺旺」意圖收購《中國時報》等台灣媒體時，展開反對運動的群體當中，據說就有很多曾經參與野草莓運動的人士。在這場示威中，也可以看見象徵性地出現在隊伍最後、拿著「台灣國」看板的傳統獨派團體加入。他們和前排的年輕人之間有明顯的距離。「高舉台灣國旗」這種形式性的主張，和年輕人訴求的「言論自由」、「媒體自主性」等看板，一看之下，其溫差也清楚可見。

高呼台灣獨立的「老台獨」，和「新台獨＝天然獨」之間的世代交替，現在想來，應該就是在馬政權踏實推進兩岸交流、也就是二〇一四年的太陽花運動時，一口氣明顯化的吧！

原本台灣的獨立論，正如前述，是從法律理論上尋求獨立的「法理台獨」。作為台灣獨立的論證基礎，他們的目標是主張中華民國「領有台灣」一事欠缺合法性、並要求廢止中華民國，以達成獨立。儘管台灣在日本戰敗後是由中華民國所接收，但那不過是作為聯合國的一員而進行的接收，至於台灣的歸屬則尚未決定，即使是《舊金山對日和約》，也沒有提及台灣的歸屬問題。換言之，台灣的地位在戰後屬於未定。他們以此為立足點，對台獨的正當性進行論證。

可是，現在的天然獨，完全不介意這些法理問題。在他們眼中，不管法律能不能論證，台灣就是台灣，就是獨立的國家——他們如此確信不疑。隨著一九九〇年代以來的民主化，在事實上切離中國大陸的場所、行使自己的決定權；所謂天然獨，正強烈反映了在這種環境下蘊育出來的感覺。

令中國頭痛的天然獨

這對中國而言，可說是雙重的大麻煩。過去中國抱持著消滅中華民國的願望，不過現在則是以中華民國憲法為媒介，讓兩岸在「一個中國」下形成某種一致的羈絆。但是，現在的獨立勢力並不否定中華民國；儘管在表面上依然守著一個中國，但內在則無限逼近於獨立。中國要阻止這種潮流的方法，除了不可能實行的武力犯台之外別無他法。於是，中國陷入了進退維谷的難局之中。

在民進黨二〇一四年的黨大會上，當黨內針對是否要凍結高唱獨立的「台獨黨綱」議論紛紛時，後來的總統當選人蔡英文，基於對天然獨崛起的理解，發表了這樣一段談話，從而將凍結論掃進了垃圾桶：

隨著台灣的民主化，我們建構了深厚的「台灣意識」，這個認同台灣、堅持獨立自主的價值，已經變成年輕世代的「天然成分」，這樣的事實，這樣的狀態，如何去「凍結」？如

何去「廢除」?

迄今為止的台灣獨立，都是以對抗國民黨與外省人為主軸；但是天然獨的台灣獨立，敵對的則是一切否定台灣主體性的事物。他們的對手不只是中國、也包括了國民黨的一部分、甚至包含了民進黨。正因如此，蔡英文藉著這次討論是否凍結台獨黨綱的機會，踏上了收攏天然獨的道路；而國民黨直至今日為止，還沒看見任何與天然獨之間的接合點。

以太陽花運動勢力為中心組成的新政黨「時代力量」，在談及組黨精神時便表明：「天然獨是創黨DNA」。

過去的台灣獨立，乃是始於否定現狀的運動。否定中華民國、否定外省人、否定蔣介石。可是，天然獨對於肯定台灣的任何人都不加以否定。他們對於「台灣就是台灣」這件事情，抱持著再自然不過的確信。

不過，「天然獨」並非毫無任何媒介、憑空而生的。在我想來，它是以台灣的本土化為土壤，撒下名為「中國因素」的肥料，才從而結成累累的果實。換言之，若是中國沒有介入台灣社會，那麼天然獨也不會茁壯如斯，而太陽花也不會綻放了。

前段曾經介紹過「台獨是信仰」這番話，不過若是把「信仰」換成「理想」，其實也是可以的。現在的國民黨並沒有這種理想。能夠取代台灣獨立的信仰（理想），大概就是中國習近平政權高舉的「偉大中華民族的復興」了；只是，台灣的人們真的會對作為中華民族的一員、和中國一起達成民族復興這種理想產生共鳴嗎？現在的台灣人，怎麼看都只是和「中華民族的復興」這個「中國夢」愈行愈遠罷了。

然而，若是不阻止這點，中國的「統一大業」就無法達成。二〇一五年十一月，習近平之所以和馬英九實現兩岸高峰會談，其理由之一就是：對天然獨世代崛起抱持危機感的中國，企圖趁馬英九政權還在的時候，和台灣建立起「固定化」的親密兩岸關係；在我想來，這樣的可能性相當之大。

雖然有點再三反覆，但我還是要說，天然獨的成長，和中國的崛起並非毫無關聯。第一次遇上和自己足以相對比較的對象，然後才開始摸索認同，這樣的情況也同樣發生在世界的其他角落。香港在一九九七年回歸中國的時候，認為自己是中國人的比例超過了三十%，可是到了二〇一四年雨傘運動的時候，已經落到了十%以下。這並不只是隨著運動本身而產生的轉變；追求普選的香港遭到中國所壓抑，還有中國人來香港掃奶粉等事件，在在為「我是香港人，不是中國人」這種「港獨」注入了養分。

天然獨並不是一種意識形態，而是以感性為行動的基軸。「台灣不是中國（我不是中國人）」是種感性，和香港街頭示威的年輕人大喊的「Hong Kong is not China」，很明顯給人共通的印象。

正因為是以感性為中心，而非意識形態，所以它並沒有絕對不相容的「假想敵」。過去，台獨勢力的假想敵是傳統上以外省人為核心的國民黨，以及站在國民黨對立軸的共產黨。天然獨並不存在這種絕對的「假想敵」。取而代之的是，當滿足「跨越天然獨所設定的底線」這一條件

第六章

例外與虛構之地——「台灣」

若隱若現的中國陰影

台灣是個「例外與虛構之地」。它有趣的地方正在這裡，但困難之處也在這裡。正因為是例外，所以不管談論什麼話題都必須要先加上一番長篇大論的開場白，否則就難以清楚表達。正因是虛構，故而難以用寫實的方式去表現。因此，在書寫有關台灣的文章時，總是充滿了只有當事者才知道的獨特難處。

正如精通台灣政治的政治學者松田康博所論，台灣是個「例外國家」的理由之一，就在於它在保有國家體制的同時，卻又不能使用世間一般通論的前提來加以討論。在日本和台灣之間，以「國對國」這種基本的國際關係為前提來交往是行不通的。中國和台灣的關係也不是「兩國關係」，而是處於所謂的「內戰狀態」。可是，兩者實際上卻又沒有在交火；兩岸間不只從事著鉅額的貿易，也有許多人頻繁往返兩岸，投資與觀光活動也相當熱絡。

在國際性的運動大會上，台灣是以「Chinese Taipei（中華台北）」，這個令人一頭霧水的名稱出場。在會場上，台灣的人們揮舞的是中華民國的國旗，喊的則是「台灣！加油！」沒有人在喊「中華民國！加油！」或者是「中華台北！加油！」一個又一個例外不斷疊加上去，然後又回到出發點；這樣的感覺，讓人忍不住瞬間在心中喃喃自語：台灣，到底是什麼？

在台灣自身之中也有著虛構的存在，那就是台灣當中的「中國」。在這個「台灣就是台灣」

這種台灣認同居於優勢的時代，不管政治、企業還是大眾，都把台灣和中國當做分開的事物在過日子。可是，這個處在台灣之中的虛構的「中國」，卻實實在在地烙印在台灣的日常生活中。儘管平常大家都擺出一副若無其事、絲毫不受它影響的樣子，但在我這樣的外國人感覺起來，實在是個很不可思議的世界。

台灣之中的「中國」，或許是有如海市蜃樓般、漂浮在虛構世界之物；可是，這種虛構卻曾經在某個時代擁有左右台灣命運的政治重要性。那是個台灣高喊「我就是中國」的時代。儘管那個時代已然過去，但這虛構之物依舊不曾從台灣這塊土地上消失。每當遇到重要局面時，它就會忽然站上舞台，然後又旋即從視線中消逝。這種虛構，將台灣綑綁在例外的世界當中。

未能實現的反攻大陸

撤退到台灣的蔣介石，在認定中華民族應當形成一個國家的大前提下，高舉「中華民國乃是中國的正統政權，總有一天要從共產黨手中奪回大陸」的目標，這就是反攻大陸政策。他雖然高喊「一年準備、兩年反攻、三年掃蕩、五年成功」，但因為這其實是不可能之事，所以虛構就變成了必要。

台灣被看做中國三十五省中的一省（台灣省），學校使用的「中華民國地圖」上畫著所謂

「中華民國全圖」的三十五省。在這張地圖上也包含了獨立前的外蒙古，因為形似秋海棠的葉子，所以被稱為「秋海棠地圖」。順道一提，去掉外蒙古的地圖則是看起來像隻老母雞，所以被稱為「老母雞地圖」。

雖然稍微有點離題，不過在台灣還設有專門管轄蒙古與西藏的「蒙藏委員會」這個部門，也有任命首長（委員長）。每年到了成吉思汗的忌辰，這個委員會都會召開隆重的祭典。我也曾經因為好奇心而參加過一次這種祭儀；只見在會場上聚集著住在台灣的外省籍蒙古族人，所有人都是一副雞皮鶴髮的樣子，實在是幅令人難以描述的畫面。這也是在台灣苟延殘喘的「虛構」之一。

這三十五省包含了熱河省或松江省等，以細分化的東北三省為中心、已經不存在於現今中華人民共和國的眾多省分。以前台灣的孩子們為了考試必須背誦這些省分的名字。然而，地名這東西，要是連最低限度的感覺「那究竟是怎樣的土地」都辦不到的話，要背下來是很困難的，因此孩子們也都相當辛苦。

在中國大陸這邊，「台灣是中國的一部分」在某種程度上也算是另一種虛構的概念，至今同樣依然持續著。雖然「虛構」可以換成「國家方針」之類的凜然辭彙，不過還是可以說，他們的「一個中國」正是對國際社會強制性的虛構。不過，因為中國政府完全支配了大陸地區，所以論起虛構的程度，台灣方面是遠遠要高得多了。

體現虛構的金門島

在所有清楚體現出虛構「中國」的場所當中，我最喜歡的就是金門島了。那是個不受台灣海峽侷限、貼近中國大陸的場所。過去，我曾經在金門對岸的廈門大學留學一年，每當天氣晴朗的時候，就可以從廈門大學的山上眺望到金門島的形影。當時廈門和金門之間還沒有直接通航，因此金門究竟是個什麼樣的地方，總在我腦海中浮想聯翩。

金門島的形狀近似日本四國，中央是海拔兩百五十公尺的大武山，由此向東南西北一路延伸，則是與海相連的開闊平原。現在的人口是七萬人，終戰前也曾經被日本占領過。它以南洋華僑輩出之地而聞名，新加坡和馬來西亞到處都有金門人的會館，特別是在產油國汶萊，金門人在華僑之中更是形成了多數派。刻苦勤勞是金門人公認的特色，金門島上隨處可見在南洋賺了錢的金門華僑所建、融合了西洋南洋與中華建築方式的洋樓。

金門的名產高粱酒，在台灣本島和中國大陸都相當受到歡迎。拜這種酒所賜，金門的財政相當豐裕，教育方面幾乎是免費。每年，製造高粱酒的金門縣政府都會發放相當於日幣十萬圓（台幣三萬元）的高梁酒「提酒券」，民眾可以拿這種提酒券去和業者換錢，對家計而言不無小補。從各方面來說，這都是個生活頗為舒適的小島，因此最近從台灣本島移住過來的人也不少。

用大陸射擊過來的大量砲彈回收製成的金門菜刀也相當有名。因為這種刀銳利異常，所以十分暢銷；它在我家的廚房也大顯身手，就算遇到堅硬的蔬菜根部，都能夠咖嚓咖嚓地順利解決——當然，一不小心切到指尖，結果大量出血的情況也是有的……

金門，距離對岸中國福建省的廈門最近之處不過十公里而已。在這短短的距離間，過去曾經留下許多戲劇性的故事。

一九四九年，企圖攻陷金門的共軍，自信滿滿地發動了對金門的登陸作戰。迎擊的國民黨軍則是採取埋伏起來、等待共軍從沙灘登陸之際，再一口氣殲滅的作戰。作戰結果，國民黨軍隊大獲成功，俘虜了大量共軍士兵。這對於在中國大陸連失東北、北京、上海、甚至是首都南京，狀況慘澹、連戰連敗的國民黨軍而言，算是勉勉強強打了一劑強心針。為了紀念這場古寧頭之戰，現在在金門的古寧頭地區還設有氣派的戰勝紀念館。

作為國共內戰的最前線，大陸在偶數日朝著金門發射砲彈過來，台灣則在奇數日將砲彈打回去，兩方不斷持續著這種像是遊戲般的戰鬥。在這期間也出現了被大陸所吸引的台灣軍人。

擔任世界銀行副總裁的中國經濟學家林毅夫，就是以台灣軍人身分被派遣到金門時，抱著兩顆籃球投身大海，向對岸投奔而去的。平安抵達大陸的林毅夫發奮學習經濟，從北京大學的教授一路爬上了中國第一位世銀副總裁的地位。林毅夫的人生，也是充滿了戲劇性。當林毅夫從金門消失之後，台灣方面認為他乃是因為事故死亡，所以發出了死亡宣告。後來，他透過別人向家人傳達自己還活著的消息，於是終於在台灣之外的地方和妻子及雙親得以再會。

林毅夫本人到現在依然回不了台灣。台灣的國防部以逃亡犯的名義對他發出了指名通緝。軍人在敵前逃亡是最嚴重的叛國行為，若是赦免這種罪行的話，軍紀必將蕩然無存；在國防部的這種見解下，台灣輿論也不願傾聽任何「已經夠了、可以赦免他了」的聲音。我曾經和林毅夫的哥哥在他台灣的老家宜蘭見過面；當時林先生表示能夠理解國防部的立場，但還是期盼弟弟有朝一日能夠回到父親的靈前拜上一拜。林毅夫回台的問題，是即使兩岸關係改善後依然難以解決的難題。

當然，故事並不只發生在林毅夫這樣的名人身上。台灣有很多年輕人接受徵兵，被送往最前線的金門。當這些年輕人抵達金門、以軍人的身分在那裡生活時，多少也會對金門與台灣之間的微妙差異感到困惑。舉例來說，儘管同樣使用閩南語，但是台灣話和金門話在語調和辭彙上就是有一些差異。台灣的年輕人去到金門，覺得「那邊的台灣話有點不一樣」，不過就金門人來說的話，則會解釋成「台灣話摻進了台灣自己的腔調」。台灣和金門都有被稱為「麵線」的麵食料理，不過，台灣的麵線是和柴魚高湯等一起熬煮，煮成黏糊糊的，金門的麵線則是乾乾爽爽，簡單用熱水川燙過，便可以唏哩呼嚕地吞下肚。台灣著名的料理「蚵仔煎」也是如此；在台灣，它是混入大量的澱粉後稍微煎一下，再配上濃濃蕃茄醬味道的醬汁食用；但在金門，蚵仔則是僅僅煎得酥脆，也不配上蕃茄醬汁食用。在我感覺起來，不管是麵線或是蚵仔煎，絕對都是金門這邊比較美味。

金門到處都不缺令人想起國民黨專制體制下的「兩蔣」——蔣介石、蔣經國父子——時代的「遺物」。「三民主義統一中國」、「毋忘在莒」的口號，銘刻在村鎮的牆壁與山麓上。在台灣已經不常見的蔣介石與蔣經國銅像，在這邊樹立得到處都是。由於金門的軍人甚多，因此最前線的緊張感也還稍微殘留著。

中國未必想要「解放」的金門

我們常常說，中台是「隔著海峽對立」，不過金門和馬祖卻正好相反，是位在隔著台灣海峽另一側的土地。這兩塊土地處在台灣的支配下，演變成一種不可思議的、由勢力較弱一方支配的狀況。之所以如此，其理由並非中國「不能」取回這兩塊土地，而是他們「不去」取回，這樣的說法比較接近事實。

在一九五〇年代末之前，中國就算能夠取回金門馬祖，但在美國肯定會插手防衛的情況下，要攻下台灣、澎湖列島，不管怎麼謀劃都是難上加難。然而，若是只奪下金門、馬祖，搞不好反而會讓以蔣介石等外省人為核心的國民黨政權失去支配台灣的正統性，從而讓台灣加速往獨立的方向走去。既然如此，那不如當下就把金門、馬祖留給高喊反攻大陸的蔣介石，以一種國共內戰仍在持續的形式，作為防止走向「兩個中國」的煞車機制，然後等到時機成熟再將金馬連同台澎列島一併解決。換言之，中國其實也不願意台灣捨棄掉「中國」這塊招牌；一般咸認這是毛澤東的想法。反正不管怎樣，中國到最後並沒有奪取金門，而台灣也保留了「福建省金門縣」的招

建物很大卻投閒置散、位在金門的福建省政府。（作者攝影）

牌。

在金門，存在著兩個「政府」——福建省政府與金門縣政府。量體比較小、人潮出入熙來攘往的是金門縣政府；量體龐大、卻門可羅雀的是福建省政府。儘管是棟杳無人煙、空蕩蕩的龐大建物，但在裡面還是有好幾個「福建省政府職員」在工作；雖然是由台北的閣員兼任，不過好說歹說，總歸是有個「福建省主席」存在。兩棟建築同樣位在金門中心的金城鎮上，相距不到一公里。這可說是虛構與現實並存最明顯的案例！

在馬祖方面，它是以福建省連江縣的一部分，被納入金門的福建省政府行政範圍之中。馬祖距離對岸也只有三十公里，相當地接近。相對於金門屬於福建省南部的閩南文化，馬祖則是屬於福建省東部的閩東文化。

對台灣方面而言，特別是在蔣氏父子的

時代，自己無論如何都非得維持住這個虛構的「中國」不可。因此，儘管和中國大陸的龐大比起來，只不過是如豆粒般的渺小，但支配金門和馬祖在宣傳上是有著重大意義的。

帶有現實意味的「向大陸買水」

金門一直苦於長期的水源不足。當地的降雨量並不多，就算靠著儲水以及抽取地下水，在面臨開發熱潮的狀況下，還是遠遠趕不上日益增長的用水需求。因此，從對岸的廈門建造海底管線引水過來的計畫便應運而生；換言之，就是向中國買水。儘管「買水」這個構想從以前便存在，但因為擔心水源這種戰略物資被掌握在中國手中，所以台灣方面一直抱持著慎重態度，以致於難以實現。不過，在高舉改善對中關係大旗的馬英九政權下，水的融通便成為了帶有現實味道的迫切議題。

在「水」的問題背後，其實受到湧入金門的陸客（中國觀光客）所影響。每次我去金門訪問時，總會為它的變化而感到驚訝不已；說起來，它恐怕是台灣變化最劇烈的地方！期待陸客「血拼」的巨大購物中心和高級公寓，四處林立地蓋了起來。金門人對中國的警戒心並沒有那麼強，台灣意識也不強；他們基本上支持兩岸和解，對中國的強硬度也遠比台灣本島要來得低。

過去在戰爭的時候，金門曾經遭到大陸射來的大量砲彈攻擊，令金門人深陷恐怖之中。但是，金門和大陸之間的往來原本就十分熱絡，同時當地民風也以熱心學問、出產許多科舉及第者而著稱。在金門，當地的認同不像台灣人這樣是「我是台灣人，不是中國人」，而是「我是金門人，也是中國人」。至少，金門和馬祖的人們，並沒有那麼密切地和台灣人共享在台灣進行的「本土化」進程。就算在選舉上，國民黨只要沒有內部分裂，一定都會獲得壓倒性的勝利。即使在台灣政治中，金門、馬祖也是例外的存在。

同樣是島嶼，澎湖就全然不一樣了；在選舉中，有時是民進黨勝利，有時則是國民黨勝利。作為《波茨坦宣言》和《舊金山對日和約》明定日本應放棄的「台灣、澎湖」之地，它和台灣本島的一體性，不管在歷史或地理上都比較高。

在台灣，有著被稱為「三通」的問題。三通，指的是「通信、通商、通航的自由」；中國方面積極呼籲這方面的開放，但台灣過去則是一貫加以拒絕。作為開放第一砲先聲的金門「小三通」，是始於民進黨／陳水扁政權的時代，而負責為這項開放提供法源依據的，則是當時擔任大陸委員會主委、後來當選總統的蔡英文。自從導入小三通以來，對金門居民來說，前往中國投資已經成為一種生財之道。人民幣的匯率在這十年間一直往上攀升；二〇〇〇年的匯率是一千新台幣對兩百七十人民幣，二〇一五年已經升到了一千新台幣對兩百人民幣；因此，若在對岸投資的話，毫無疑問可以獲得相當的利益。有四成的金門島民，每年至少會搭乘一次渡輪前往航程不到一小時的大陸。在經濟圈上，金門已經被納入了中國的一環。

台灣之內的「中國」——中興新村

若說金門、馬祖是台灣之外的「中國」，那麼位在台灣中部南投縣鄉下的「中興新村」，便是台灣之內的「中國」了。

這裡是台灣省的首府，存在著台灣省政府，還有由內閣閣員兼任的省政府主席。它也有自己的預算，是個比金門的「福建省政府」更具備實體行政機構機能的組織。台灣省省主席，是李登輝、宋楚瑜等人過去都曾經歷練過、並藉此出人頭地的重要職位。

原本台灣省的首府是在台北市，不過在一九五七年便轉移到這座中興新村。之所以如此，其理由據說是因為台北已經是中華民國的臨時首都，兩座首都彼此重複，並非甚好之故。直到一九九〇年代為止，台灣省都具備著實質機能，台灣省政府主席也在一九九四年以民主方式進行直選。然而，因為一九九六年開始直接民選總統，除了金門、馬祖以外，同樣一群選民進行兩次類似的直選，感覺相當奇怪，所以省主席的直選只舉行了一次便廢止了。

這就是虛構與現實難以清楚分別之處。在台灣省機能凍結的同時，中興新村也陷入了虛構的世界當中。每次我走訪中興新村時，總會一方面為那美麗且綠意盎然的城鎮景象所感動，另一方面卻又因它的人煙稀少，深深湧現不可思議的感覺。

台灣的首都在南京？

如果中興新村是台灣省的首府，那麼台灣的首都又在哪裡？這是個令人興味深長的議題。若是就結論來說，台灣並沒有首都。

撤退到台灣之前的國民政府，它的首都在南京。現行的中華民國憲法於一九四六年制定，不過一般咸認蔣介石是打算等完全驅逐北方的共產黨、實現中國統一之後，便將首都由南京轉移到北京。在當時召開的制憲大會上，據說憲法草案裡面曾經有一句「首都是北平（北京）」，不過被蔣介石硬生生刪掉了。

然而，國民政府卻在內戰中敗北，不要說北京，就連南京也丟了，逃到了台灣。要他們承認台北是首都，就算撬開他們的嘴也吐不出半個字。以前，台灣的學校教科書是這樣教的：「中華民國的首都是南京，中央政府機關所在地是台北。」可是，自一九九〇年代左右起，教科書上已經不再教「中華民國的首都是南京」了。現在的官方說法只有「中央政府機關的所在地是台北」，至於首都究竟在何處則未明言。在台灣有「直轄市」這個名稱，可是台北、高雄、台南、台中、新北、桃園都被指定為直轄市，也都和首都沒有任何關係。

正因如此，環繞著首都議題，不時會產生小小的論爭或誤解。二〇一五年八月，擔任台灣教科書檢定負責人的「課綱微調小組召集人」王曉波，在電視談話節目面對年輕人的質問時，公然答出「我國的首都是在南京，但是我們目前在台灣地區的首都是台北」。當年輕人反駁「我打出生就從來沒去過南京」時，王曉波則是回應道：「對不起，那你修憲，憲法也是政治的現實，兩岸到今天為止沒有統一，兩岸到現在為止台灣沒有獨立。」雖然是很有趣的議論，不過正如前述，王曉波的認知是錯的，因為憲法並沒有明白規定首都究竟是在哪裡。即使是教科書專家，也會有像這樣完全搞不清楚狀況的時候。

引起世界騷然的伊斯蘭國（ＩＳ），在二〇一五年將台灣列入「協助美國的國家」，一時間在台灣引起話題，不過這時就出現了一個笑話，那就是「伊斯蘭國若要對首都進行恐攻的話，不該找台北，而是該去南京才對」，這個笑話一時也廣為流傳。從這件事可以顯現出，對台灣而言，所謂首都，其實也是飄浮在虛構與現實夾縫間的事物。

「虛構」成為兩岸關係的突破口

中國也注意到了，金門這個例外的存在能夠反過來成為兩岸之間的紐帶，所以中國現在也在自己這邊創造出了一處「例外之地」，那就是平潭島。

平潭在福建省沿岸，是離福州市較近的島嶼，台灣與平潭最近的地方是新竹，距離是六十八海里，搭船需要三個小時的時間。它的面積是三百七十一平方公里，一共有七個鎮和八個鄉，人口是四十萬人。它是除了金門、馬祖以外，在整個廣大的中國當中最接近台灣的場所。因此，在過去台灣海峽緊張的時候，這座島作為最前線，駐紮有大量的人民解放軍士兵，對基礎建設的投資也沒有太大進展；在改革開放的浪潮中，它是屬於落後的一波。

到了一九九〇年代，兩岸緊張緩和之後，雙方締結了漁業勞動者的派遣協定，平潭島的漁民因此得以前往台灣打拚賺錢。總計將近有五萬名漁民被送往台灣；台灣這邊為了安置這些來台打拚的大陸漁工，設立了船上生活的「海上旅館」，一時間也成為當下的流行語。

我在島上遇到的漁民，跟我講起了過往的事情：

> 大概從七〇年代末開始，台灣的漁民便已經來到這座島的近海處，和我們以物易物。雖然說出去不太好聽，不過事實上就是走私貿易啦。最初是用我們這邊捕到的魚交換台灣的罐頭和傘、長靴等等，不過後來就漸漸變成了用台灣的時鐘、雷射唱盤等電器來換魚。計算起來，大概是每五十斤魚換一隻石英錶吧！最近雖然已經沒有以物易物了，不過交易依然持續在做。台灣近海已經捕不太到魚了，所以基隆或者台北的漁民會乘著漁船來這裡用人民幣買魚。台灣漁港一帶寫著「現捕」的海鮮，其實大部分都是向我們中國漁民買來的。不過，最近蟹和蝦之類的高價海鮮在國內（中國）的價格也很高，所以我們都只賣些中級的魚而已了。

雖然或許多少有點誇大其辭，不過我確實經常聽到「台灣近海已經捕不太到魚，只好透過從中國收購來調度漁獲」的說法。

這座平潭島，現在已經變成了和台灣經濟交流的最前線。中國政府打出了「海峽西岸經濟區」的概念，打頭陣的「實驗區」就指名設在平潭島。所謂海峽西岸，指的是位在台灣海峽西側、亦即面向台灣的地區。這些地區特別對台灣開放，目標是促進兩岸經濟的一體化。和金門一樣，平潭也從「戰爭之島」蛻變為「兩岸交流之島」。這種「特區」的形式對中國而言可說是拿手好戲；在改革開放之初，他們就選擇了深圳作為特區，並成功促成了和香港經濟的一體化。將來，他們也計畫要在平潭集結三十萬來自台灣的「移民」。

我造訪這座島是在二〇一〇年，從福建省的福清搭渡輪前往該地。在碼頭的旁邊，巨大的「平潭跨海大橋」正一步步在建設著。儘管這是島民長年渴求的願望，卻一直沒能實現；不過，加上「對台工作」這個政治理由之後，這座橋的工程一瞬間就動起來了，果然是很有中國風格。現在，這座橋已經開通了；所有這些基礎建設的資金，全都是由中央政府買單。連結台灣與平潭的高速渡輪也從二〇一五年開始營運，每週都有固定航班，單程所需時間約三小時。將來據說也要將台灣商品免稅化；在這裡可以使用新台幣，和台灣之間可以打國內電話……一項又一項充滿野心的構想陸續浮現。

當我在平潭島取材時，遇到了一位為了投資而從台灣移居到平潭、並在當地落腳下來的男性。這位男性的父親是出身自平潭島，一九四九年隨國民黨一起渡海前往台灣；換言之，他即是所謂的「外省第二代」。這位男性如此告訴我：

台灣和平潭之間，是靠著四種「緣」緊緊相繫在一起；這四種緣就是地緣、血緣、文緣（同樣言語），還有商緣。我父親五歲就離開這座島，渡海來到台灣。雖然我從父親那裡不只一次聽他談起這「四緣」，不過當我試著來到這座島上後，我才發現，正因這種羈絆，我的工作確實變得順暢許多，為此不由得充滿了感激之情。

來到平潭島最東側的海岬，從台灣海峽吹來的冬風凜冽，讓人光是要站住腳都顯得十分吃力。就在我走訪平潭之前不久，在這座岬角上豎起了紀念推進兩岸交流的石碑；台灣新竹市的市長也趕到此地，參與了石碑的揭幕式。

台灣和中國的經濟一體化，對中國而言是為了將來統一而實施的戰略手段。金門也好、平潭島也好，中國鎖定的目標，都是將它們當成「例外」來加以培育。原本應當隨著階段發展而被排除的「虛構」，不知何時卻變質成為架起兩岸之間橋樑與紐帶的存在，令人不禁有種不知今夕何夕的感受。

另一方面，對已經民主化的台灣自身而言，原本已經不再需要這種虛構了；不過，台灣卻也沒有打算一口氣將它徹底消除殆盡。對於金門，台灣這邊也有很多點子，好比說作為歷史遺產、戰爭遺產的形式來加以活用。就算是在台灣堪稱經濟最貧瘠的馬祖，也可以靠著它的獨特景色與城鎮風情贏得人氣，以觀光地之姿讓產業復甦。至於中興新村，也有聲音說應該要將這座人造的美麗城鎮申請為世界遺產。

對此種種，我們也可以這樣說：最初是現實的東西，隨著時代的變遷而化為虛構，然後在今日，再次從虛構回到現實的世界。在台灣這塊土地上，虛與實的飄移變遷，就宛若季節一般，總會順時造訪。

第七章

從日中台角度進行思考

隨著近代一變的日中台命運

日本，中國，還有台灣。自近代以降，三者的命運一直彼此糾纏不休。我們可以將日中台想成在東亞這個地區中伴隨著種種奇妙宿命而相互結合的「三兄弟」。

將台灣和中國分開而論，應該會讓中國人感到不舒服。不過，這裡並不是就「一個中國」或者「一中一台」這種政治體制來論述，而是因為將台灣視為獨立個體，再與日本和中國結合起來討論，才能更深入地看見歷史的實象；同時，對中國的人們來說，他們要更加貼近此刻真實的台灣，恐怕也只能靠這種方法了。

「近代」是一切的開始。日本和中國還有台灣，都是隨著近代的到來，使得生存在其間的人們，命運為之一變。

應該說是運氣不錯吧，隨著黑船來航與明治維新，率先在東亞邁入近代化的日本，以沖繩宮古島的漁民漂流到台灣被殺害為由，踏上了第一次海外出兵的征途。一八七四年的「征台之役」，換句話說就是「對台灣出兵」。統治台灣的清朝對此大表反彈，對日本的不信任感也日益增強。

因為對台出兵而萌生的日清間不信任感，以此為導火線，引發了二十年後的甲午戰爭。隨著日本的勝利，清廷將台灣割讓給日本作為賠償。清廷垮台後，中華民國誕生，數十年後又與日本再度開戰。這次是日本失敗，於是日本將台灣還了出去。台灣，事實上一直被當成戰爭遊戲的獎品來對待。日本固不用說，就算是盟軍，在當時的國際情勢與中國情勢下，既沒有明言台灣的歸屬，也不能明言，於是台灣便由中華民國所接收。但是，國民黨和共產黨的內戰愈演愈烈，結果共產黨獲得勝利，國民黨則是逃到了台灣。

在台灣，日本統治五十年間投注的龐大資產還殘留著，經濟和文化也有相當程度的發展，是一塊趨於成熟期的土壤。國民黨躲在這樣的台灣島上，一邊和作為戰後世界霸主的美國以盟友身分密切聯繫，一邊則是在台灣實施白色恐怖、透過威權控制的方式鞏固一黨專制體制，並和共產黨建立的中華人民共和國相互對峙。

在冷戰結構中，一開始站在台灣一邊的日本，後來和中華人民共和國締結邦交，並和中華民國斷交。可是，中國並無法實現統一台灣的願望。台灣活了下來，並且成功推進了民主化，「台灣就是台灣、和中國不一樣」也變成了一項社會常識。

近來，日本和台灣在精神上的聯繫，反而趨向於更加強固的走向。中國為此在內心苦苦思索，在不踏入外交領域的底線下，持續靜觀著日台關係的發展。另一方面，台灣對中國在經濟上相互依存之深，乃是日中之間所遠遠不能比。我們可以看見日中爭相拉攏台灣，也可以看見台灣在日中之間巧妙地取得平衡。這三者的關係直到現在，依舊微妙而複雜。

從日中台的角度思考「抗日」

明明開始互動不過才一個多世紀，但光是思考發生在日中台關係間的種種，就已經等於是在思考整個東亞的歷史了。

過去的日本，由於顧慮高舉「一個中國」旗幟的中國和台灣（中華民國）兩者，所以距離「日中台」的思考方法相當之遠。可是，應當透過「日中台」這一框架去思考的問題，實際上相當之多。其中我想特別一提的，就是「抗日」這個議題。

所謂抗日，意思即是「抵抗日本的侵略」。狹義的抗日指的是持續八年的中日戰爭，不過若是把眼界放得更寬一點，則從一九三一年的滿洲事變（九一八事變）到一九四五年的終戰、甚至最大範圍是從一八九五年甲午戰爭割讓台灣以來一路到終戰為止，都可以算是「抗日」。歷史這東西，實在是相當棘手的玩意兒；歷史觀會隨著國家和地區而有所差異，即使面對同一事象，所做出的解釋也會彼此分歧。這些解釋簡直就像身處不同世界般南轅北轍，互不相容的情況也屢見不鮮。

一提到台灣，各種歷史觀之間的差異便有鮮明凸顯的傾向，不過關於抗日問題，則是有「台灣的抗日」、「國民黨的抗日」、「共產黨的抗日」這「三種抗日」並存。第二章論及的「日據」與「日治」問題，也和這點彼此相通。

台灣同胞抗日史實展的說明板。（作者攝影）

二〇一五年秋天，在中日戰爭爆發之地——北京郊外盧溝橋——的「中國人民抗日戰爭紀念館」，以「台灣抗日」為主題的「台灣同胞抗日史實展」開幕了。我在十月下旬的某天造訪了那裡，那是一個名符其實的「北京之秋」，是個完全感覺不到PM2.5霾害、蒼穹蔚藍的晴朗秋日。

「台灣抗日展」設置在「偉大人民的歷史勝利」展區裡頭。紀念館在設置「台灣抗日展」的時候，作出了這樣的陳述：「因應台灣各界人士的強烈呼籲，因此，我們藉著抗日七十週年的機會，在此贊揚台灣人民的功績，並彰顯台灣抗日對於中國人民勝利所做出的巨大貢獻。」

展示區域的入口寫著「台灣自古即是中國神聖不可分割的領土」。展示的內容從日本出兵台灣（牡丹社事件）的「侵略」開始，到甲午戰爭強奪台灣、殖民地統治掠奪台灣資源、壓制台灣人民、推動皇民化等一連串情節。展示空間共分為六區，展示物相當豐富，共有三百五十五張歷史照片和四百一十六件歷史資料。據說這是中國六度派遣調查隊前往台灣，以民間捐贈為主蒐集而成的資料。迄今為止，體系如此完整的「台灣抗日」展示，即使在台灣也不曾見，其規模甚至已經到達了小型資料館的等級。

只是，來館參觀的中國人幾乎都很少踏足這個台灣抗日展示區。或許是因為展示場所稍微偏離了參觀者的動線，又或許是因為眾人的認知不足吧，不過，就我草草掃過一遍展示區提供的筆記本上的留言，我的感想只有：那些寫著「我們不能忘記歷史」或是「讓我想起民族的苦難」之類的留言，並沒有真正言及對台灣人民的遙遠關懷。儘管中國對台灣的認識可說相當全面，但是，只要一把國家民族意識擺在前頭，對台灣活生生人們的關注就會變得淡薄不少。這也是中台彼此之間，在心的距離上漸行漸遠的原因之一。

這項展示的目標，總括而言就是要從理論上試圖強化「台灣的抗日乃是中國人民抗日的一部分」這種史觀。

中國和台灣在「抗日」這個議題上有一條深深的鴻溝。之所以如此，是因為共產黨與國民黨之間環繞著抗日的「主角」究竟是誰不斷產生爭執。共產黨教導的歷史主張「蔣介石集團是消極的抗日、積極的反共」。不過，若是從史實來看，國民黨乃是中日戰爭的主體，這是相當清楚的。在這點上，感覺歷史遭到扭曲的國民黨，對共產黨的不信任感相當強烈，同時也變成了嫌惡共產黨的原因之一。

在抗日主角的爭奪上，退讓一步的共產黨

不過，這種爭奪抗日主角的情況出現了變化。二〇一五年十一月，在中國瀋陽，兩岸雙方的學者召開了一場有關抗日戰爭史的研討會。台灣方面的參加者在會上作出了這樣的陳述：「所謂蔣介石總統不抗日，乃是（中國方面的）誤解；兩岸學者理應為找回歷史真相而共同努力，方為正軌。」面對台灣方面的意見，中國方面也沒有斷然反駁，而是錯開論點，以退讓一步的形式圓滿解決：「由兩岸共同撰寫抗日歷史乃是極為重要之事，畢竟台灣年輕人認為抗日與台灣毫無關係的情況頗多。」

從胡錦濤時代開始，共產黨擺出的姿態似乎就已經明顯變成了「共產黨和國民黨都是抗日的主角」。這當中自然也有為了在和日本的「歷史戰」中勝出，而想在抗日問題上進行「國共合作」的意圖在。兩岸關係的改善，讓中國擁有了讓步的餘裕。不管哪邊都是和日本打過仗，因此國民黨和共產黨的抗日觀之間並非沒有共通的基礎。

然而，當我在北京觀看這場台灣抗日展時，我不得不想：就算「國民黨的抗日」真能和「共產黨的抗日」統合為一，形成一種「大陸的抗日」史觀，但說到底，它能否和「台灣的抗日」相互統合，還是個大問題。

「台灣的抗日」和「大陸的抗日」無法統合

自日本統治之始的一八九五年直到大約一九一五年之間，台灣的漢人與原住民發動過斷斷續續的抗日鬥爭，許多人戰死或者事後被處以死刑。對於日本苛酷的鎮壓，台灣的史學家有人批評說「幾乎已經是虐殺的程度」。這段歷史的的確確稱得上是「抗日」。然而，這時期台灣的抵抗運動，基本上沒有中國大陸的勢力參與——不光是國民黨，當時共產黨甚至連個影子都沒有，所以自然就更別提了。

儘管抗日者當中不乏受到「中國意識」左右而對日本產生排斥感之人，不過說到底，它還是為了守護台灣而為之的「台灣的抗日」。

在這裡有一段插曲。身為在台灣台中地區擁有強大勢力的望族——霧峰林家——之一員，從年輕時候起便以知識分子之姿嶄露頭角的林獻堂，於一九〇七年訪問了日本。在日本，他和因戊戌政變亡命當地的中國改革派知識分子梁啟超會面，向他陳述日本統治下台灣的苦境，並尋求中國的支援。對此，梁啟超則是回應道：「中國在今後三十年間，斷無能力幫助台人，故台灣同胞，切勿輕舉妄動……」同時，梁啟超也提出建議，認為台灣應當學習英國治下的愛爾蘭，為爭取自治確立而奮鬥到底。

作為中國代表性知識分子的梁啟超，他所說出的話正是當時中國的肺腑之音。對於「化外之地」的台灣，他們將之視為「同胞」的意識頗為淡薄，同時也沒有幫助的餘力。在這之後，台灣的抗日便陷入斷絕狀態，一直到日本戰敗都是如此。

在今日的台灣，當外省人史觀和本省人史觀相互衝突之際，「大陸的抗日」與「台灣的抗日」之間的裂痕就會變得格外明顯。外省人出身的馬英九總統，在包括慰安婦等議題方面積極搧風點火，希望能夠喚起台灣輿論對「抗日」的記憶，但社會整體的反應則是頗為冷淡。

太平洋戰爭期間，台灣人是以「日本」一員的身分，和包含中國在內的同盟國交戰。有人因此而戰死，台灣也受到美軍的空襲，有一些台灣人因此犧牲。換言之，台灣人其實是站在「大陸的抗日」對立的一方。在這種殘存的歷史記憶下，無法擺脫「大陸的抗日」色彩的國民黨抗日宣傳，在台灣社會始終難以立足生存；相反地，國民黨鎮壓民眾的二二八事件則是屢屢被拿出來引證。這種歷史觀的分歧，往往埋下了對立的種子。

另一方面，國民黨傳統的歷史觀似乎頗容易和中國找到共通點。二〇一五年在新加坡舉行的兩岸高峰會間，習近平和馬英九就曾針對抗日戰爭的歷史，進行了立場相近的對話。

在杭州感覺到的兩岸聯手「抗日」

我有一種預感，那就是或許有一天，兩岸會聯手「抗日」。這種預感是在二〇〇八年國民黨政權誕生之際，我去到浙江省杭州，拜訪剛剛落成的「連橫紀念館」時油然而生的。

連橫是日本統治時代的台灣知識分子，在台灣史上以寫下台灣第一本歷史書《台灣通史》而聞名，同時也是台灣的政治家、國民黨名譽主席連戰的祖父。連橫對日本統治大加批判，並投身於台灣的自治權擴大及祖國復歸運動中。這間歌頌連橫的紀念館，是由連橫過去曾經居住的杭州老家改建而成，裡面也掛著在台灣已經徹底成為親中政治家的連戰的大幅照片。我看到這場展示時，不禁認為中國和台灣在歷史問題上早晚會在「抗日」方面正式攜手，並將這種推論寫成報導、刊登在報紙上。

台灣確實存在著抗日活動，其中的一部分也確實可說是與「大陸的抗日」歷史觀相互重合。但是，若要勉強將一切全都囊括在內，那必然會從有限的掌心中滿溢而出。因此，當我們在思考抗日問題時，將中國、台灣乃至於日本複雜的脈絡梳理清晰的「日中台的思考」，就變得非常必要了。

陳逸松的日中台認同

接下來，我想透過「人」的角度，來思考日中台的關係。人類的行動，必定會投影在歷史與政治之上。過去曾經有這樣一種人；他們生存在台灣、日本、中國的夾縫間，抱持著既是日本人、也是中國人、更是台灣人的「日中台（三重）認同」。在這些人當中，我想特別舉出一個人，他的名字叫做陳逸松。

二〇一五年秋天，在台北市舉辦了陳逸松傳記出版的紀念座談會。這本名為《陳逸松回憶錄：放膽兩岸波濤路》（曾健民著，聯經出版）的作品，是以已經過世的陳逸松本人生前的訪談為基礎，加以執筆撰寫而成。關心陳逸松生涯的我，特地從東京搭乘飛機前來台灣，參加了這場座談會。

陳逸松的人生，可說是波瀾萬丈。他在一九〇七年出生於台灣東部宜蘭的大地主之家。那是個日本統治安定、經營台灣步上軌道的時期。陳逸松受到日本的菁英教育，十三歲便前往日本留學。那時的日本社會正處在大正民主之花綻放的時代，陳逸松也充分吸收了日本自由的空氣。進入最高學府東京大學法學部就讀的他，受到日本流行的左翼思想所吸引，在東大加入了日本共產黨的下轄組織「新人會」。優秀的陳逸松成功通過了司法考試，在東京開了間律師事務所；作為「自由法曹團」的成員，他為了提升勞動者的權利而盡力奔走，同時也為了讓被逮捕的社運人士獲釋而不斷斡旋。

當時台灣的知識分子，像陳逸松這樣透過留學等方式前往日本，並投身台灣自治權擴大運動與台灣共產黨（台共）活動的人不在少數，代表人物是蘇新（一九〇七至一九八一）和謝雪紅（一九〇一至一九七〇）。兩人旅居日本的時期都和陳逸松很接近，他們參與創立台共，並在一九四五年以後受到國民黨的鎮壓、逃亡中國大陸。這一世代的特徵乃是傾心於左派思想，在批判日本對台灣統治的同時，對中國的「祖國」意識也相當之高。

陳逸松回台灣之後，一方面繼續擔任律師，投身保護台灣人的人權活動，另一方面也在《台灣文學》等刊物上發表文章，透過「筆」來抵抗日本在太平洋戰爭末期推動的皇民化運動。

在陳逸松的新書發表會上，有一句相當有意思的話。那是陳逸松對於比自己小十五歲的李登輝的評論：「那傢伙根本不了解日本！」現在這個時代，應該沒有台灣人有資格指著李登輝說「你不了解日本」！不過，在陳逸松那個世代，他們則是親身體驗了日本對台灣統治依舊苛烈的時代，因此和出生於「台灣的日本化」已經接近完成、斷言「我曾是日本人」的李登輝這個世代之間，在對日認知上有著明顯代溝。

在日本以作家、評論家身分活躍的邱永漢，也是和李登輝同一世代的人物。他以比李登輝更優秀的成績留在日本，步上波濤起伏的人生，卻沒有像陳逸松等人那樣傾心於左翼思想。儘管如此，在這之後，當陳逸松事實上從台灣逃亡美國的時候，為他擔任出國保證人的正是邱永漢，這真可說是不可思議的緣分。

陳逸松、邱永漢、李登輝的共通點是，他們都出身於台灣的富裕階級，教育水準也都很高。儘管年齡不過相差十來歲，但環繞著陳逸松的時代感，以及對日本、中國的距離感，和李登輝、邱永漢相比，感覺起來簡直有天壤之別。總而言之，在日中台三個要素當中，陳逸松的中國人成分較濃，而李登輝與邱永漢則是日本人的成分較濃，我們大概可以這樣說。

一九四五年，隨著日本的戰敗，陳逸松的人生也展開了新的一頁。和大陸的國民黨密切聯繫的陳逸松，成為了在台國民黨支持者主導的組織「三民主義青年團」核心成員，協助國民黨接收台灣。可是，一九四七年二月二十八日，台灣爆發了二二八事件。這起事件乃是起因於國民黨的腐敗和治理無方，導致民眾的憤怒達到頂點而掀起暴動。陳逸松加入了「二二八事件處理委員會」，周旋於國民黨與台灣民眾間，並向政府起草了改善要求。

可是，派遣軍隊、鎮壓民眾的國民黨，對處理委員會成員發布了通緝令，陳逸松也在名單之中。慌張不已的陳逸松，找上了以前認識的台灣省主席陳儀向他請託，於是得以被排除在通緝名單之外。但另一方面，除了他以外的處理委員會成員，則都陷入了不得不逃亡的局面；因此，陳逸松這時候的行動遭到了不小的批判。不過，在我看來，被逼到極限的陳逸松為了保住自己性命而採取的行動，就算在政治上容有批判餘地，但也算是人之常情。

之後，陳逸松和國民黨的關係看似一時之間有所修復。國民黨先是任命他為政府高官——考試委員，接著又起用他擔任中央銀行的常任理事；但是他因為直言無忌的性格，在組織內不斷發生意見衝突，所以在一九五三年轉而投身企業經營。一九六四年的台北市長選舉，他以「黨外」的立場出馬角逐。陳逸松不只呼籲解除戒嚴令，還尋求修憲達成民主；這種進步的主張，令實施專制體制的國民黨有足夠的理由為之側目。一九七一年，他被捲進某件灰色事件，遭到當局逮捕；後來他被國民黨以罪證不足為由釋放，此後便從台灣經日本抵達美國定居。

這時候，陳逸松寫了一封包括「不應敵視台灣獨立」等對台政策建言的信給中國政府。這封信吸引了周恩來總理的目光，於是邀請他前往中國。接下來的十年間，他成為中國的人民代表委員，運用他身為法律專家的知識，協助中國的刑法與刑事訴訟法現代化。根據陳逸松的回憶錄指出，他曾經不只一次就台灣政策向周恩來提出降低中國敵意的建言，對於軟化中國的對台政策頗有貢獻。

在這之後，他一直在中國待到一九八三年，然後又回到美國。因為和中國的關係，他被台灣列入黑名單不得返鄉，不過，在一九九七年，他終於從名單上解禁，得以回到台灣。然後，就在二十世紀正好告終的二〇〇〇年，彷彿自己的任務已然落幕般，九十四歲的他，在美國的自宅中畫下了生涯的句點。

陳逸松，在這個二十世紀間，徬徨地游移於日本、台灣、中國的關係間。在台灣有人質疑說，他作為人的思想和行動欠缺一貫性，而在我看來，他的行動確實也帶有某種機會主義者的味道。可是，在那個時代，抱持信念與野心的人們，若是想在日本、台灣、中國糾纏的複雜環境中追尋理想的話，那麼無論如何都免不了會有走錯路，或是迷失方向的時候；因此，進行所謂的「轉向」，也是不得不為之事。這點即使在台灣自身的命運上，也是一樣的。

邱永漢的人生

邱永漢與對抗國民黨暴政、起而建立「台灣共和國臨時政府」的廖文毅，同屬獨立運動的主要成員。他先是經由香港，然後逃亡到日本；後來，他因為對獨立運動感到失望，於是轉型成作家、經濟評論家，並且都相當的成功。到了一九七〇年代，他以和國民黨蔣經國政權和解的形式回到台灣；此後，他成為兩岸和解的先驅，同時也奔走於日台之間，以經濟評論家之身大獲成功。邱永漢的一生，也可說是一個「轉向」的故事。

出身於神戶的台籍作家陳舜臣，在日本長大，並隨著日本戰敗回到台灣，但因為二二八事件而捨棄了教職，再次回到日本。若是沒有二二八，或許他也不會成為著名的作家。在這之後，他曾經一度取得中華人民共和國的國籍，但在天安門事件後又放棄；陳舜臣，也是在日中台之間迷惘活著的人。

在台灣人當中，也有從年輕時起便將人生全部奉獻給台灣獨立運動，在日本腳踏實地、一步步推動著獨立的人。這些人在民主化後的台灣也都很活躍，例如前御茶水大學教授黃昭堂、前駐日代表許世楷、以及同樣擔任前駐日代表的羅福全等。現在依然活躍於日本論壇的金美齡、黃文雄等人，也都抱持著獨立的理想，為了喚醒日本人對台灣的關心而不斷努力。與之相對地，正如住在台灣的記者——本田善彥著作《台灣人的牽絆：搖擺在台灣、大陸與日本間的「三顆心」》中所傳達的那樣，在台灣的知識分子中，因為對國民黨感到失望而渡海前往大陸，並活用自己的日本語能力、成為中國語通譯，活躍在日中外交最前線，這樣的人也為數不少。台灣人的戰後人生，確實是多彩多姿且充滿了戲劇性。

襲向戰前畫家陳澄波的悲劇

被捲入日中台的命運裡，最後以悲劇結束生涯的人物中，有一位出身台灣南部嘉義的畫家，他的名字叫陳澄波。

對出身於日本統治下台灣的年輕人來說，渡海前往日本學習，是開拓人生的重要里程碑。有志於美術的優秀青年選擇的第一志願，是現在改制為東京藝術大學的「東京美術學校（東美）」。在東美，有些人學習繪畫，有些人則學習雕塑。留學化為他們的血肉，有在中國和歐洲大展鴻圖的人、有繼續留在東京的人，當然也有回到台灣，為故鄉的藝術盡心竭力的人。從台灣到日本，然後到世界；這就是當時台灣年輕人所走的「路」。

台灣、中國、日本。在三種認同的夾縫間，他們是怎樣讓自己的才能開花結果的呢？這是迄今為止，日本的近代美術研究也未曾多所顧及的部分。

將留學生送往日本的機構，是日本統治時代設立、位於台北的「台北師範學校」。在這裡，日本人石川欽一郎、鹽月桃甫、鄉原古統等人執起教鞭，培育了許多未來的藝術家。台北師範學校是今日台北教育大學的前身；從這所學校成功進入東美的陳澄波，不只有著充滿戲劇性的人生，他的作品在現今的亞洲拍賣市場上，成交價格也相當的高。

陳澄波出生於日本領有台灣的那一年，也就是一八九五年。他在台北師範學校特別受到石川欽一郎的薰陶。後來他在台灣成為教員，但卻沒有忘懷畫業，於是瞞著家人渡海前往日本，以三十歲之齡進入東美就學。之後，他的才能慢慢發揮出來，終於成為第一位入選日本最高權威殿堂——帝國美術展覽會——西洋畫部門的台灣人。

東美畢業後，陳澄波渡洋前往上海，在中國美術界也大為活躍。他對中國的「祖國之思」可說相當強烈。原本他以備受矚目的新秀之姿在大陸畫壇廣受期待，但一九三二年爆發上海事變（一二八事變）後，陳澄波因為國籍屬於日本之故，不得不被迫返回台灣。他在「祖國」品嘗到了「日本當中的台灣出身者」這一身分的隔閡。

在這之後，陳澄波致力於台灣美術的普及，在日本戰敗、國民黨接收台灣的時候，他也在台灣方面的「歡迎國民政府籌備委員會」中擔任要職，扮演著重要的角色。在這方面，他和陳逸松頗有相似之處。

正如前述，出生在台灣社會已經趨向日本化的昭和年代的李登輝等人，與出生在明治年代的台灣人之間，有著相異的「祖國肖像」。李登輝可以坦然地說出「我曾經是日本人」，但陳澄波、陳逸松這個世代，總體而言還是認定「我是中國人」。只是，這種「中國人」的意義自然和今日的中國人並不等同。

當然，國際政治的決定姑且不提，在一九四五年的台灣，論起自己未來將何去何從時，有很多種可以想見的可能性。中華民國的未來、共產黨的未來、台灣獨立的未來，以及日本續留的未來。在這些未來當中，以「中華民國的未來」最是眾人的主流意識；正因如此，陳澄波、陳逸松這些地方菁英階層，才會站在前頭歡迎「回歸祖國」。

可是，在一九四七年的二二八事件中，面對台灣人只會說日語和台灣話的情況，陳澄波因為會說中國話（北京話），所以站在取得武器的台灣人以及國民黨之間擔任斡旋協調的工作，結果卻不由分說地被冠上莫須有的「間諜」罪名，遭到槍決。

在陳澄波的油彩畫中，有一幅名為《我的家庭》的作品。在上海教美術的陳澄波將家人叫到跟前，以或許是因為天寒的緣故穿著厚厚上衣的妻子為中心，環繞著三個女兒，以及手拿調色盤的自己。在家人之間，散發著不可思議的靜謐感，陳澄波自己的表情，也洋溢著因為一家團圓而感到的喜樂。可是，在這幅畫中，感受不到日本和中國的民族性。

儘管《我的家庭》作為陳澄波的代表作，在今日有著不可動搖的地位，但在一九七九年於台灣舉行的遺作展中，卻因為畫面中的一本《無產階級繪畫論》，而被排除在展示品名單之外。他在日本時所畫的另一幅代表作《日本二重橋》，也被當成殖民地主義的作品，在介紹陳澄波事蹟的評論和書籍中，長期遭到無視。

現在已經不是那種因為作家的作品與政治立場掛鉤，就斷然加以批判的時代了。在各作品中，必然時時貫注著創作者主動選擇的「某種事物」；因此，我們必須體察他們當時的立場與時代狀況，才能夠更加清晰地直面作品。

以陳澄波為首的台灣畫家，在紮根於漢民族文化的同時，也在日本統治的社會下成長。那是個由日本體制提供絕佳出人頭地機會的時代，他們遠渡重洋、在日本藝術的最高學府東美學習、在日本美術的最高權威帝美展出作品，並且獲得好評。只不過，日本這個國家雖然給予他們機會，但是台灣人想要在當時的日本體制內達到最高的巔峰，恐怕還是相當的困難。許多台灣留學生不是在日本、而是在中國尋求發展空間，就是這點最好的證明。

陳澄波在國民黨的鎮壓下結束了一生。可是，這是在他打算作為「中國人」而活的過程中所產生的悲劇。他遭到鎮壓的理由，是因為站在台灣人這一邊，但這種行為在國民黨的定位下就是「日本狗」、「共產黨的狗」。國民黨高層真的相信日軍會企圖固守台灣山脈、支援台灣人的叛亂，以便使台灣島從大陸分離。但事實上，駐守台灣的第十師團在幾乎毫髮無損的情況下，順從地協助維持台灣治安，並且接受要求，放棄武裝返回日本。

被時代巨浪所翻弄的台灣人

這個時代，有許許多多的台灣人都被大時代的巨浪翻弄著，唯有運氣好的人才能熬過這段艱難。現在回顧起來，活下來的人與沒有活下來的人，兩者之間的差別只在一點點運氣與判斷罷了。就連李登輝也曾經因為被舉發疑似和共產黨活動有關，而差點成為遭白色恐怖處刑的亡魂之一。儘管就算沒有李登輝，台灣應該也還是會民主化，但大概不會是我們今天所看到的這個模樣了！時代的變化，乍看之下看似必然，但深入觀察個別事象之後，又會令人不禁覺得它果然是無數偶然的累積。

在這大時代的波濤中、在這將日本、中國和台灣全都粉碎的近代戲劇中，區區一名台灣人，只能在無力回天的情況下被迫做出人生的選擇。他們總是不時被逼著走上預料之外的方向，並在其中不斷地掙扎求生。

對這些儘管政治立場各自不同、卻都活在二十世紀日中台關係之間的台灣人，愈是深入了解他們的人生，就愈無法不抱持同等的敬畏之心。他們的人生並非單純封閉於日本人、中國人，或是台灣人這樣的框架之中；「日中台人」或是「日台人」，才是真正適合他們的稱呼方式。

前近代、近代與現代，各自相異的日中台

若是能將日中台的情況透過時代加以類型化，那麼我們會發現，在近代與前近代、現代與近代之間，都有著矛盾衝突與相互糾葛之處。

經歷明治維新的日本，靠著從歐美輸入制度與技術達成了近代化；他們在戰爭中打敗了清廷，並且開始經營台灣。儘管日本的統治十分苛酷，但他們也將日本自己學到的「近代」移植到了台灣。於是，在有限度的情況下，言論自由、法治、教育普及、行政的平等主義等，都在台灣獲得了實現。經歷這種統治五十年的台灣，其本質早已深深紮根在這塊土地之中。儘管在台灣人

當中，有人認為自己是日本人，也有人認為自己是中國人，但共通之處就在於，他們都已經成為了「近代人」。

當日本離開、中華民國到來之際，台灣人對於「回歸祖國」是真真切切地感到歡喜。可是，這種期待轉眼之間就遭到了背叛；因為，大陸的中國人，乃是一群生活在前近代世界的人們。

在台灣，屢屢可以聽到這樣的說法：「中國兵來的時候，都把鍋子扛在肩上逛大街，讓人大失所望。」當然，這裡有個奇怪的地方，那就是在那個時代，大家真的都目擊了扛著鍋子到處走的士兵嗎？不過，因為我確實從不少日語世代的老人那裡聽過這種說法，所以我會把這個問題當成是「記憶共享」的結果。簡言之，對「前近代中國」的嫌惡，藉著「扛著鍋的中國兵」這個象徵而具象化了。若是如此，那麼比起對祖國的熱愛，對「前近代」的輕蔑，在順位上還要排得更前面。這樣的結果，形成了一幅對擁有「近代」經驗的日本時代充滿鄉愁的畫面。

然後，在此刻的台灣，他們對中國的觀點，毫無疑問充滿了從「現代」視野來看「近代」的違和感。台灣已經達成了高度成長與民主化，價值觀也已經完全邁入了現代社會；可是，中國卻還在發展之中，因此台灣人對中國，不管怎樣都很難感受到彼此間的一體感。因此，我們可以這樣思考：日本、中國、台灣的關係，常常因為發展階段的不同而導致社會意識差異，並因此在相互感情與好惡認知上產生明顯的鴻溝。

另一方面，在日本和台灣之間，則是蘊含著人與人不斷累積的交流歷史。相較於經常透過「政治」彼此接觸的日本與中國，或是在現實上幾乎無甚交集的中國與台灣，日本和台灣的聯繫，不管是在歷史或是深度上，都可說是有著天壤之別。這種近乎發自根源的感情，伴隨著對現代文明價值觀與生活習慣的共享，蘊育成一種更加讓人心曠神怡的形式。台灣現在對日本和中國在距離感上的差異，大概也只能從這個方向來思考。

既然如此，那麼，倘若中國在真正意義上擁有與我們共通的制度與價值觀、並站在同樣的水平線上，當這一天到來時，日中台的新關係又會變成怎樣呢？到那時，日中台或許將會邁入一個迄今為止從未見過的嶄新時代！

終章

日本該如何面對台灣

戰後的首相談話，究竟在「道歉」些什麼？

二〇一五年夏天，對於日本過往的殖民統治出現了一個得以總而論之的機會，那就是所謂「安倍談話」（譯注：又稱「戰後七十年談話」。）的發表。在這個議題上，不只組織了由有識之士構成的委員會（譯注：全名為「回顧二十世紀、構想日本在二十一世紀世界秩序所應扮演角色的有識之士懇談會」。）、聚焦了國內外的關切，同時在社會上也湧現了大量的意見與評論。然而，令人驚訝的是，在這當中，有關殖民地台灣的種種卻很少被言及。

雖然是毋需多言之事，不過台灣是日本獲得的第一塊殖民地，同時也是隨著近代日本第一次正式對外戰爭——甲午戰爭——的勝利，由清廷所割讓的土地。日本的領有台灣，和之後的合併朝鮮、滿洲國的建國，以及中日戰爭等都有密切聯繫，可說是近代史的一大里程碑。可是，和應有的地位似乎正好相反，在過去日本的首相談話裡，台灣所占的分量和韓國或中國比起來，可說極度微渺。這樣的不均衡，其起因究竟為何呢？

一九九五年發表的「村山談話」中，以「殖民統治和侵略給許多國家，特別是亞洲各國人民帶來了巨大的傷害和痛苦」這樣的辭令，明確就殖民統治作出了道歉。在這裡並沒有明確的證據足以證明台灣不在範圍之內；但是，當時的村山談話中，是否真有將台灣這一實體包含進去，我對此是深表懷疑的。

最近我有一個機會，得以訪問某位政府相關人士，他曾經參與過擬定村山談話的過程。雖然對方明確表示不願具名，不過據他所言，在這篇村山談話中，究竟該為殖民統治的「何種行為」道歉、又該把台灣置於何種位置等種種問題，在政府內部幾乎都沒有認真討論過。這樣一來，就蘊含了一個巨大問題，那就是：關於殖民統治，究竟該向誰、又該為什麼事情道歉？

日本就殖民統治道歉的情況，大致可以就以下兩個層面去思考：一個是斷定「擁有殖民地並加以統治」這樣的行為是罪惡，因此提出道歉；另一個則是認定日本在殖民統治過程中，存在著應當道歉的惡行與不當施政。用比較簡明的方法來說，就是該針對「擁有殖民地」這件事來道歉，還是針對「在殖民地的所作所為」道歉，這樣的問題。

老老實實地把村山談話讀過一遍後，我們可以發現，他並沒有把重點放在「在殖民地的所作所為」，而是放在了「擁有殖民地」這件事上面。既然如此，那麼朝鮮和台灣就應該獲得同等對待才對——不，正確說來，對台灣的道歉反而應該要比朝鮮還重要才對，畢竟日本統治台灣有五十年，比起統治朝鮮的三十五年還要多上十五年。

可是，在日本戰後政治中，很明顯地，對台灣的道歉比起對朝鮮的差很多。就算說是因為仔細調查「在殖民地的所作所為」後，朝鮮的問題較多、台灣的問題較少，所以才不太提及殖民台灣的責任，這樣也還是說不過去。畢竟，解讀村山談話以及過去的談話，在其中似乎並沒有包含對殖民統治行為的個別評價在。

就實際問題而言，殖民統治不可避免地有著功過兩面。就這層意義上，日本對台灣和朝鮮的統治在本質上並無差異，只是相對程度上有所不同罷了。既然如此，為什麼在道歉的時候，對台灣和朝鮮會有這麼大的落差呢？雖然這樣斷言多少有點粗糙，不過我還是要說，當台灣在戰後被「歸還」給中國之後，台灣的存在便彷彿從日本社會中就此消失，而日本對台灣的統治，也大致變成了「不存在」的形式。

對台灣道歉總是含糊其辭的原因

在日本和韓國之間，由於存在著包括高峰會談的眾多外交舞台，所以每逢這種場合，日本總是會表明道歉之意。細川護熙首相與菅直人首相在訪韓時公開道歉，就是一個很好的例子。

另一方面，台灣在日本戰敗後被納入「中華民國」的統治之下、成為「一個中國」的一部分，所以不像朝鮮半島那樣從殖民地解放後便直接建立起獨立的新國家。再者，和日本有外交關係的中華人民共和國雖然宣稱台灣是自己的領土，但是並沒有任何實際的統治行為存在。於是，在這當中，台灣作為「被害者」的主體性，不管是在日本也好、中國也好，乃至於中華民國＝台灣也好，都像是一腳踏進了空白的領域般，變得模糊不清。

這種曖昧不明，和台灣方面對於日本的不道歉並沒有表現出強烈不滿也有關聯。的確，有許多優秀的日本人為了台灣的近代化竭盡全力、貫注心血；這種強調日本統治正面性的台灣言論，也多有傳達至日本這邊。只是，因為對方不抱怨，所以就不道歉，這樣真的好嗎？對於這個本質性的問題，實在讓人不得不大表疑問。說得極端一點，在日本，對於統治台灣的評價問題，不論誰都是一副事不關己、己不關心的態度，就這樣過了戰後七十年的歲月。當然，在這段時間中，對於日本的台灣統治已經進行了相當詳盡的研究，所以倒也不能說沒有半個人關心；只是，作為日本社會整體的問題，日本在對台灣統治進行倫理性的總結＝去殖民地化＝戰後和解的努力上有所怠忽，這是無可否認的事實。

在安倍談話中，提及戰爭的部分是這樣說的：「該走的方向有錯誤，而走上了戰爭的道路」、「再也不要重演戰禍」，亦即對日本走上二次大戰的道路做出否定。日本的戰爭是否為侵略，這個定義姑且不提，但是這場戰爭明顯是失敗的；安倍所要傳達的，是這樣的價值判斷。

另一方面，在有關殖民地議題上，安倍這樣說：「十九世紀，以技術的絕對優勢為背景，殖民統治亦波及到亞洲。毫無疑問，其帶來的危機感變成日本實現近代化的動力。（中略）日俄戰爭鼓舞了許多處在殖民統治之下的亞洲和非洲的人們。」但是對於日本在朝鮮和台灣實施的殖民統治，其是非功過與內容都未曾提及。緊接著，他不斷地陳述對於戰爭慘禍的反省，然後忽然有點唐突地跳到這樣一句：「應該永遠跟殖民統治告別，要實現尊重所有民族自決權利的世界。」或許，這可以看成是日本對自己今後將不再插手殖民地一事的宣誓，不過這同時也是將日本的戰後和平路線，全都涵蓋其中的一句話。

最後，他一邊意識到過去村山談話等重要談話的立場，一邊這樣表述：「我國對在那場戰爭中的行為，多次表示深刻的反省和由衷的歉意。」只是，相較於村山談話對「殖民統治與侵略」進行道歉，安倍談話則是限定於「那場戰爭中的行為」。因此，我們可以這樣解讀：在安倍談話中，迴避了明言「是否該就日本對朝鮮和台灣的殖民統治做出道歉」這個問題。

另一方面，為了安倍談話而舉辦的「有識之士懇談會」中，則是以和實際的安倍談話略有差異、有點微妙的形式提及日本的殖民統治：「一九三〇年代後期，日本對殖民地的統治日趨嚴酷。」但這部分並沒有直接反映在安倍的談話上。

總之，不管怎麼說，即使經過安倍談話，日本政府還是沒有針對統治台灣這一行為，用政治化的言語表達總結和反省之意。

在這裡，我並不是說日本政府就一定要對殖民統治表達歉意。只是，若是要道歉，那就應該對台灣也一併道歉，若是不道歉，那至少自己也該牢牢把定不道歉的理由才對。戰後的日本，明顯對於占有殖民地的行為已經有所反省，不管是對外傳播或是國內教育，都是以這樣的認知為基礎。既然如此，那不正應該向台灣兩千三百萬人，展露並傳達日本的這一面嗎？

日本人所統治的，並非作為「中國一部分」的台灣，而是屬於「日本一部分」的台灣。當日本身處戰爭之際，他們是作為日本的一員而戰；一九四五年八月玉音放送時，許多台灣人也都是抱持著深刻感慨側耳傾聽。

在日本統治時代，台灣人一開始是不用服兵役的，不過後來隨著人員不足，台灣人也陸續被徵召為軍屬（譯注：舊日本軍中的文職人員、技師等非戰鬥人員）、軍夫。在這之後，從「義勇兵」到「徵兵」，徵召的層次慢慢地節節昇高，到最後共有二十萬名軍屬、軍人開赴戰地，其中三萬人戰死或病死。就當時台灣的人口來說，每兩百人就有一人因此而死，比例可說相當之高；但是，因為失去日本國籍之故，台灣人卻被排除在各種撫卹和補償之外。儘管日本政府在一九九〇年代曾經支付過兩百萬圓的弔慰金，可是就人之常情而言，應該會覺得「這樣就夠了嗎？」只是，日本人自己不見得會提出這樣的疑問；我個人懷疑，這又是「對台灣的思考停止」在作祟。

二〇一六年，日韓之間就所謂從軍慰安婦的問題達成政府協議，決定由日本政府出資十億圓，投入韓國政府設立的基金當中。消息一出，台灣方面也馬上對日本提出要求，希望能夠得到同等的待遇。馬英九總統對慰安婦問題抱持著強烈的關心，他指示方針，要在預計二〇二三年完成的博物館裡設置慰安婦展示區；除此之外，民間團體「婦女救援社會福利事業基金會」也計畫在二〇一六年於台北市內設立慰安婦紀念館。台灣也有五十八名慰安婦，其中三位還存活於世。對這些人的對應方式，原本理應和這回對韓國的態度確保統合一致才對，但在日本，卻完全看不見任何有關這方面的紮實論述。對於這種在戰後問題處理上，總是把「台灣」拋在門外的做法，我實在是無語了。

日本社會的冷戰構造與台灣

輿論圈對台灣的「思考停止」，也到了該修正的時候了。我過去工作的《朝日新聞》，長期以來一向被認為是「對台灣冷漠」的媒體；這和「親中派的《朝日新聞》」這個定位當然不無關係。另一方面，《產經新聞》則是被理解成有「和台灣親近」的一面，因此和中國政府之間的關係緊張。事實上，直到一九九八年為止，《產經新聞》是唯一一家沒在中國設立採訪據點，而是在台灣設立分局的日本媒體；除此之外的媒體都不在台灣設分局，而只在中國設點。

容或過去《朝日新聞》對台灣的報導很弱，但至少在我涉獵台灣報導的這十年來，《朝日新聞》的台灣報導，不管從哪方面來相比都不至於遜色其他報社太多。不只如此，《朝日新聞》的台灣報導還比其他報社數量更多，也屢屢刊登出重要的新聞內容。客觀來看，在二〇一二年、二〇一六年兩次總統大選中，《朝日新聞》的報導內容都足以和其他報社相匹敵，而我自己在二〇〇七年開始擔任特派員的三年時間中，署名報導就撰寫了超過五百篇以上。當然，數量不足以證明些什麼，但有許多人都說「朝日變了」，而從客觀角度來看，也已經邁入不能再說「朝日對台灣冷漠」的時代了。

可是，那些認為「朝日對台灣冷漠」的人——當然其中也包括了非常討厭《朝日新聞》的人——卻未必有實際讀過報紙，了解朝日在這十年間報導態度的變化。一度刻板化的印象，要改變就很困難，這也是莫可奈何之事。現在，我雖然已經離開《朝日新聞》，但仍舊誠心期盼《朝日新聞》今後能在台灣報導方面更加充實，並由衷期許完全洗刷「污名」的一天早日到來。

在這裡我想指出一個問題，那就是日本社會對台灣的認識，即使時至今日，依然殘留有冷戰時期——或說兩岸對立期——所形成的那種「中國派」和「台灣派」兩極化的殘餘。

雖然這樣分類或許有些粗略，不過在戰後的日本，傳統的右派／保守勢力對台灣一向抱持著比較強烈的同情；相反地，左派／革新勢力則是對台灣頗為冷淡。這和他們對於共產中國的期待感互為表裡，同時在立場上也有對抗右派的成分在。在極端束縛日本的東西冷戰構造制約中，親美＝右派＝親台灣（蔣介石、國民黨），反美＝左派＝反台灣（蔣介石、國民黨），各勢力在這樣的框架下，整齊地分布到屬於各自的位子上。

二〇〇九年，配合蔣介石日記的公開發表，我前往保管日記的美國史丹佛大學，在《朝日新聞》版面上刊載了十五回有關蔣介石的連載。連載結束後，曾經擔任《產經新聞》前台北特派員、時任社長的住田良能先生（已故），打了通電話到我的手機。在電話裡，他用半稱讚半牽制的語氣對我說：「真是非常有趣的報導。只是，由《朝日新聞》來刊這種報導，這不是損了咱《產經新聞》的面子嗎？」台灣的蔣介石和故宮，一向是《產經新聞》獨擅勝場的主題，可是我卻在《朝日新聞》版面上連載這兩個題目，也出了書。儘管我並沒有特別要和產經打對台的意識，只是單單出於關心才寫這些書，不過這的確是過去被視為「左派」的《朝日新聞》，不太可能刊載的報導類型。

積極展開有關中國和台灣研究與言論活動的學者川島真表示：「事實上，在戰後的日本，對左傾化的日本知識分子而言，台灣是不足以談論的對象，『進步的知識分子不談台灣』幾乎已經變成一種共識。」信哉斯言。

在台灣問題陷入迷思的民主黨

幾乎就在冷戰結束的同時，台灣在民主化與兩岸緊張的緩和上，產生了根本的變化。原本在台灣屬於傳統親日勢力的國民黨，轉而和中國接近，民進黨則以新的親日勢力之姿崛起。對此，日本的右派／保守勢力也做了重大的路線修正，改為對民進黨這一對抗中國的勢力抱持著期待。在我想來，這當中也有風靡當今日本右派／保守勢力、令他們狂熱信奉的李登輝前總統在二〇〇〇年總統大選中和國民黨分道揚鑣，轉而支持獨立／台灣本土派這件事的影響。

另一方面，日本的左派／革新勢力，則是陷入了無法在國民黨與民進黨間做選擇，從而喪失掉對台灣方針的窘境。他們並不否定台灣的民主化，真要說起來，在期待兩岸融和方面的傾向較強烈一些。既然如此，那他們就理應支持主張強化兩岸關係的國民黨才對；可是，對日本的左派／革新勢力來說，「國民黨」三個字又帶著根深柢固、難以接受的「威權主義」和「蔣介石」色彩。但是反過來講，他們在心境上，又不想接近敵視中國的「獨派」民進黨；在我感覺起來，大概就是這樣的狀況。

在台灣問題上陷入迷思，最明顯可見的就是民主黨。民主黨本來是以自由派的左派運動與社會運動出身人士為主體構成的政黨，和台灣的民進黨應該十分合拍才對。在民主黨內，也有像枝野幸男或仙石由人這種和台灣的民主化勢力交情甚深的議員在。可是，他們對台灣問題卻提不出一個明確的方針，甚至連個清楚的訊息都無法釋出，其結果就是導致一連串令人遺憾的舉動。

在二〇一二舉行的東日本大震災追悼儀式上，台灣的駐日代表沒能列席，這是一個要命的失誤。儘管因為是歸類在「外交團」，所以沒有外交關係的台灣遭到了除外，但就國民感情來說，將支援兩百億圓的台灣排除在外，卻邀請中國前來，不管怎麼看都不應該。雖然這大概是放任官僚去對應的結果，但在這裡也可以說，這又是民主黨對台灣的「思考停止」在作祟。

有一部分的右派／保守勢力看起來，似乎是單方面把台灣當成了日本的小弟；他們那種用自戀式的投影來看台灣、並且大加吹捧的態度，也令人不禁有種違和感。只是，就客觀層面相比，被定位為「右派」的現任安倍／自民黨政權，在台灣方面，確實是遠遠有著戰略性的活用。之所以如此，最大的理由只有一個，那就是日本的左派／革新勢力在和台灣往來的時候，根本就沒有一個穩定的主軸可言。

最近在台灣所發生的事情，乃是生活於同一個共同體中的人們，覺醒於自身的主體意識，並且開始積極追求自己的決定權。當然，獨立戰爭之類的根本是連做夢都沒在想，但要說是追求一種和平的、能確實緊密包含自己存在的政治體制，則是一點都不為過。

如果自由主義思想的精神，是要建構一個對人類價值最大限度尊重的社會，那麼，支持台灣，當是自然而然之事。可是，當太陽花運動發生時，日本方面主要的左派／革新勢力，卻反而似乎相當遲鈍。之所以如此，大概是因為意識到台灣背後的「中國」；若是這樣的話，他們和保守派就只有價值觀不同，實際上都無法跳脫從中國的對立軸、或是作為中國一部分來看台灣的窠臼。當然，在現實政治中，中國與台灣的關係是切也切不斷的，而台灣也是中國問題的一個關鍵要素，這都是不容否定的。在日本的外交上，要把台灣從中國切離，這種想法也是不切實際的。這樣的現實至少在今後幾十年間，大概都會一直持續下去吧。

可是，若是從同理心的角度出發，那麼會去聲援台灣這些為了追求自立與民主而活的人們，自是理所當然之事；反之，對於企圖以政治力壓抑這種追求的中國，則會產生反彈並設法抑止這種行為。對自由主義的價值觀來說，這是毋庸置疑的立場。

在沖繩問題上聲援那些為了追求自決權而直面日本政府的反邊野古人士，但在台灣問題上，卻不願聲援那些同樣為了追求自決而面對中國的人們，這樣的做法，在思想上充滿了矛盾。我想，左派／革新勢力之後，應該會慢慢察覺到這點。

讓保守派占領台灣聲援席的左派

二〇一五年十月，民進黨主席兼總統候選人蔡英文訪問日本。在歡迎會的座席上，可以看見一幅象徵性的畫面：坐在蔡英文身邊的，是櫻井良子和金美齡。這兩人在日本社會上，都是以高唱強烈保守論調出名的政治評論家。當然，她們聲援民進黨並非什麼大問題；問題出在讓保守派占領民進黨聲援席的左派／革新勢力。

櫻井良子在對台態度上一向高唱「在安保下的日台同盟論」，亦即日台應當聯手對抗中國的野心。細細讀過她的文章，不管內容好壞，都給人一種「冷戰時期主張」的感覺。比起對台灣社會變化的關心，她從台灣想尋求的，只是一個為了日本安全、為了對抗中國，共享現實利害的夥伴罷了。在這種論調下，作為對抗中國的重要支柱，台灣乃是必要的；這是東西冷戰以來保守派的傳統立場，只不過聲援的對象從國民黨換成了民進黨。然而，民進黨重視反核和人權，也就是所謂「左派」的政黨，本來和日本的「右派」在立場上是相異的，但他們卻都無視這一點。

總之，在日本有關台灣的議論，正如以經濟問題為中心，針對現代中國積極發言的梶谷懷所言：「（不管左派右派），屢屢都是以政治狀況下的站位為最優先」、「沒有普遍性的中心主軸」。他的論點雖是針對整個中國問題提出警訊，不過也完全適用於台灣問題之上。

在戰後該如何保護自己、如何生存下來的問題上，日本和台灣都不得不把決定權半託付給美國。日本的駐日美軍也好、美國對台灣的軍售也好，意義上都是讓安全保障依存於美國。在戰後史當中，日本和台灣都是受到以一九五〇年爆發的韓戰為契機、導致冷戰深刻化所拯救的一方。對日本來說，它得以提早恢復主權，並靠著朝鮮特需使經濟重生。在台灣，則是隨著美軍的制壓台灣海峽，使共產黨在軍事上侵攻台灣變成不可能。然後，兩者都以自由主義經濟陣營的一員，謳歌著經濟成長與所得提升的成果。

可是，作為代價，隨著美國的存在，兩者都不得不屢屢直面某些「露骨的現實」。超越日本國家主權般存在的美軍行動也好，美國政府對台灣選舉誘導式的資訊操作也好，作為「安全與繁榮的代價」，兩者也都只能唯唯諾諾地吞下去。這就是作為美國的棋子，伴隨而來的悲哀。

觀察台灣的時候，每每總會陷入一種情緒，那就是彷彿看見了另一個日本。畢竟，作為美國同盟的一員，面對眼前不斷崛起的巨大中國勢力，兩者都非得思考自己的存活之道才行。在這點上，小小的台灣，要比日本更加清楚呈現出這個現實。在美國和中國的夾縫間求生的台灣，簡直就像是「鏡子」一般映出我們自己的身影。台灣的問題適用於日本之處，想想其實相當地多；但問題是，處於對台灣思考停止狀態的我們，平常未必會去思索這件事情。

當「三一一後」、「感謝台灣」成為關鍵字

成為日本人對台灣思考停止的一通「morning call」的，是二〇一一年東日本大震災中，台灣對日本的鉅額支援。

當初，日本媒體和政府的反應還是一如往常的遲鈍。在世界各地的支援中，台灣的捐款特別突出的多；身為日本人究竟該如何理解這件事才好？又該如何表達感謝之意才好？由於正值震災當中，所以感覺起來日本人似乎並沒有相當敏銳地去思考這點。當時日本媒體對於台灣捐款的報導，也可以說是頗為貧弱、甚至是相當不足。

最初開始覺得「必須向台灣表達謝意」並採取行動的，不是政府，也不是媒體，而是民間的人們。「感謝台灣」的呼聲，挑起了多數人心中「為什麼台灣要幫日本到這種地步」的感受，一下子就整個蔓延開來。

從那之後經過五年多，對於台灣捐款的感謝之辭，已經成為了今日日台交流的一個必備開場白。這恐怕是自蔣介石時代的「以德報怨」以來，在日台關係中，首次由日方主動提出的日台關係概念。過去只能稱為「單相思」的台灣對日本之思，如今終於變成了「兩情相悅」、變成了日本人毫不猶疑的主動告白。

震災這種不幸的事態，居然能給予日台關係良好的衝擊，正可說是不幸中的大幸了。日本人

的台灣認識，經歷蔣介石時代的「以德報怨」、李登輝時代的「台灣民主化」，如今可說邁入了一個新的日台關係時代；這個時代最適合的關鍵字，正是「三一一後」或者「感謝台灣」。

毫無疑問，日本人對台灣，已經到了一個必須以新的態度、新的認識來面對的時代。這也就是說，必須把台灣當成一個「單獨的個體」來面對。的確，在現實當中，兩岸關係的重要性依舊不變，所以這意思並不是說，要單純只把台灣切離出來討論。可是，只把台灣當成中國問題的附屬物、或者說日美同盟的附屬品，這種面對台灣的姿態，在現實主義的意味下，已經顯得不夠真實了。二〇一六年總統大選的結果，正是最有力的證言。

民進黨的勝利、國民黨的失敗，正代表相信「台灣就是台灣」的人們已經凝聚成群。若是生在台灣的人們都這麼想，那我們也應該接受這樣的政治現實才是。在這前提下，該如何和正在崛起的中國之間取捨距離？怎樣的政治體制最適合台灣？兩岸關係的和平解決與安定管控，其解答究竟為何？凡此種種，都值得我們積極去討論。對這方面有著立場與意見的分歧，正是一種相當健全的表現。真正不健全的，是什麼都不去思考，一直陷在思考停止的狀態中。

台灣不管在政治、地理、還是歷史上，都是置身於「日中夾縫間」的存在。這是台灣的宿命，也是中日的宿命。

東京大學前校長矢內原忠雄在他的名著《帝國主義下的台灣》中，曾經如此斷言：「台灣原本是清國的領土、是支那人的殖民地（中略）我們統治台灣，是把台灣從支那的手中拉走，轉而和日本相結合。」「台灣，是站在日本與支那兩道火燄之間。」矢內原一語道破了問題所在。日本要以奪占領土的方式，將台灣從中國手上奪走，這種方法已經行不通了；而環繞著台灣的地緣政治學構圖，在未來恐怕也不是那麼簡單說變就變的。台灣人常常在顧慮著「日本與中國」的狀況下求生存，這是他們的命運。

另一方面，中國自建國以來，便一直以台灣統一為國家目標。從這個立場出發，在這超過半世紀的時間裡，他們對台灣的一切層面，都做了相當深入的考量。這種努力本身便是非比尋常之事，其所蓄積的知識、乃至於情報網之綿密，在在都顯現出極端的強勁。

與之相比，日本對台灣的當事者意識則相當薄弱，社會全體對台灣的理解也不足。因此，日本首先必須摒棄對台灣的「思考停止」；改變這種狀況，是我認為必須踏出的第一步。以此為基礎，再認知「台灣就是台灣」，在自己心目中創建起與真實相稱的台灣理解。這是把台灣視為「固有領土」、深信不疑的中國所做不到的事；相較之下，日本在使用台灣這面「鏡子」、重新省察自身時，則理應能從中獲益良多。毫無疑問，這是自日本與台灣首次交會的十九世紀至今，台灣人對日本人最深的期許。

後記

二〇〇七年三月的某個夜晚，我因為偶然出差而來到了台北。當我正在和熟人聚餐的時候，電話忽然響了。打電話來的是東京的上司，他說：「希望你能到台北任職。」電話那一頭，上司仔細地說明了為什麼要我前往台北分局就任的理由，但我卻完全記不起他到底說了些什麼。坦白說，當時我的第一志願是希望前往中國就任；這預想之外的發展，讓我根本是腦袋一片空白，對上司的話也有聽沒進去。總有一天我會去台灣，但首先應該去中國，之後才是台灣，這是當時我自己所做的人生規劃。

儘管如此，我還是以特派員身分在台灣報導方面勤奮努力，回國之後也出版了四冊和台灣有關的書籍，本書則是第五冊。「故宮」、「自行車」、「蔣介石」、「電影」，主題依序變遷，前後花了大概十年，最後終於寫到了「台灣」這個題目。雖然不能不說有一點微薄的成就感，但比起這點，我更有種欣喜的感覺。回想起當初那個夜晚，我的台灣報導之路在出乎意料的情況下展開，此刻的我就不由得感到，那真是一段幸運的機緣。

最近，我忽然有種感覺，那就是我變得更加貼近台灣了。那是心靈距離的貼近。喜歡台灣、珍視台灣，想要前往台灣；這是我極其平凡、不擺架子、發自肺腑，想向眾人傾吐的話語。過去曾經有那樣一個時代，對於被稱為「台灣派」，總會有著過多的警戒。但是，喜歡一個地方、學習那裡的語言和歷史，並且理解活在那裡的人們，對這種彷彿支撐起心靈的念頭貼上標籤，實在是件很無聊的事。喜不喜歡中國、對台灣又是怎樣的看法，基本上完全沒有任何關係。理解兩岸關係的重要性是很重要沒錯，但是因為政治和外交而束縛住個人的心靈，完全是沒有必要的事。

因此，與其多所顧慮，我更想將台灣的有趣之處傳達給更多日本人知道。結果，我最想講的話就是這個嗎？——寫到這裡，我才猛然察覺到這點。儘管我在這個春天，已經離開了給予我機會、讓我能夠在這個充滿刺激好奇心素材的寶庫——台灣——埋首鑽研的《朝日新聞》，但對我而言，它始終都是個特別的存在，完全不會有所改變。

誠如本文與參考文獻中所介紹般，關於台灣的歷史與民主化，前人已經留下了相當詳細的研究、以及許多優秀的成績，因此本書主要是以我作為採訪者的體驗，在這十年中所觀察到的事象為中心寫成。再者，由於本書並非研究類書籍，所以參考文獻僅僅舉出書籍的部分，但其實也參照了日本、台灣、中國所發表的許多論文和報導。靠著許多人的努力、蓄積以及協助取材，本書才得以付梓問世；至於內容尚有眾多未曾觸及之處，這一切則全是我的責任；因此，今後還請各位不吝賜予寶貴的意見與指教，以令鄙人在台灣研究方面得以更加精進。

主要參考文獻

（由於本書並非學術作品，在此不列出我參考過的大量日本、台灣、中國的學術論文及新聞報導。）

【日文文獻】

天児慧、三船恵美編著『膨張する中国の対外関係』勁草書房、2010年
伊藤潔『台湾　四百年の歴史と展望』中公新書、1993年
浦野起央『【増補版】尖閣諸島・琉球・中国――日中国際関係史』三和書籍、2005年
岡田充『中国と台湾――対立と共存の両岸関係』講談社現代新書、2003年
梶谷懐『日本と中国、「脱近代」の誘惑　アジア的なものを再考する』大田出版、2015年
上村幸治『台湾――アジアの夢の物語』新潮社、1994年
川島真、清水麗、松田康博、楊永明『日台関係史　1945―2008』東京大学出版会、2009年
邱永漢『わが青春の台湾　わが青春の香港』中央公論社、1994年
黄昭堂『台湾総督府』教育社歴史新書、1981年

小林よしのり『新ゴーマニズム宣言SPECIAL 台湾論』小学館、2000年
酒井亨『「親日」台湾の幻想――現地で見聞きした真の日本観』扶桑社新書、2010年
司馬遼太郎『台湾紀行　街道をゆく40』朝日新聞社、1994年
戴國煇『台湾と台湾人――アイデンティティを求めて』研文出版、1979年
戴國煇『台湾――人間・歴史・心性』岩波書店、1988年
戴國煇『台湾という名のヤヌス』三省堂、1996年
永原陽子『「植民地責任」論　脱植民地化の比較史』青木書店、2009年
西川潤、蕭新煌『東アジア新時代の日本と台湾』明石書店、2010年
野嶋剛『ラスト・バタリオン――蔣介石と日本軍人たち』講談社、2014年
林泉忠『「辺境東アジア」アイデンティティ・ポリティクス――沖縄・台湾・香港』明石書店、2005年
廣瀬陽子『未承認国家と覇権なき世界』NHK出版、2014年
ビル・ヘイトン、安原和見訳『南シナ海――アジアの覇権をめぐる闘争史』河出書房新社、2015年
福田円『中国外交と台湾――「一つの中国」原則の起源』慶應義塾大学出版会、2013年
彭明敏・黄昭堂『台湾の法的地位』東京大学出版会、1976年
本田善彦『日・中・台　視えざる絆』日本経済新聞社、2006年
丸山勝、山本勲『「東アジアの火薬庫」中台関係と日本』藤原書店、2001年
山本勲『中台関係史』藤原書店、1999年
横山宏章『中華民国　賢人支配の善政主義』中公新書、1997年

若林正丈『台湾――変容し躊躇するアイデンティティ』ちくま新書、2001年
若林正丈『台湾の政治――中華民国台湾化の戦後史』東京大学出版会、2008年
若林正丈編『現代台湾政治を読み解く』研文出版、2014年
愛知大学国際問題研究所編『中台関係の現実と展望』東方書店、2004年

【中文文獻】

葛兆光《何為「中國」?疆域、民族、文化與歷史》牛津大學出版社,2014年
蔡英文《洋蔥炒蛋到小英便當――蔡英文的人生滋味》圓神出版社,2011年
蔡英文《英派――點亮台灣的這一哩路》圓神出版社,2011年
范疇《台灣是誰的?從台北看北京》八旗文化,2011年
李淑珠《表現出時代的「Something」――陳澄波繪畫考》典藏藝術家庭,2012年

1991年	3月	作為對中交涉窗口的海峽交流基金會（海基會）成立
	5月	動員戡亂臨時條款廢止，放棄反攻大陸政策
1993年	4月	第一次辜汪會談
1996年	3月	第一次總統直接民選，李登輝當選
1999年	7月	李登輝總統提出兩岸關係是「特殊的國與國關係」（兩國論）
	9月	台灣中部大地震（九二一地震）
2000年	3月	民進黨陳水扁當選總統，初次政黨輪替
2001年	1月	實施透過金門的「小三通」
2002年	1月	正式加盟WTO
2005年	3月	中國制定《反分裂國家法》
2008年	3月	國民黨馬英九當選總統
	7月	兩岸直航、陸客來台解禁
	11月	野草莓學運
	11月	陳水扁前總統遭逮捕
2009年	8月	八八水災
2010年	6月	兩岸經濟合作架構協議（ECFA）簽訂
2014年	3月	太陽花學運
	11月	九合一地方選舉，國民黨慘敗
2015年	11月	兩岸領袖高峰會（馬習會）
2016年	1月	總統大選由民進黨蔡英文當選，立院選舉亦由民進黨單獨過半
	5月	蔡英文就任總統

製表協力：黑羽夏彥（成功大學）

1949年	5月	台灣省實施戒嚴令
	10月	中華人民共和國成立
	10月	金門島發生古寧頭戰役
	11月	日本軍人顧問團（白團）祕密來台
1951年		美國援助（美援）正式化
1952年	4月	《中日和約》簽訂生效
1954年	12月	《中美共同防禦條約》簽訂生效
1958年	8月	金門砲戰
1971年		以在美留學生為中心發起的「保釣運動」大為盛行
	10月	中華民國（台灣）退出聯合國
1972年	9月	日中國交正常化，日本與中華民國斷交
1974年	12月	台籍日本兵史尼育唔（中村輝夫/李光輝）被發現
1975年	4月	蔣介石去世
1978年	5月	蔣經國就任總統
1979年	1月	中華民國與美國斷交
	12月	美麗島事件
1984年	10月	江南事件（特務暗殺美籍台灣作家）
1986年	9月	民主進步黨成立
民主化以降（1987～）		
1987年	7月	戒嚴令解除
	11月	中國大陸探親解禁
1988年	1月	蔣經國去世，副總統李登輝繼任總統
1990年	3月	野百合學運

1898年	2月	《台灣日日新報》創刊
	3月	後藤新平就任台灣總督府民政局長
1908年	4月	台灣縱貫鐵道（基隆～高雄）完全通車
1915年	8月	西來庵事件（漢人最後的大規模抗日活動）
1921年	1月	台灣議會設置請願運動起步
	10月	台灣文化協會成立
1923年	4月	皇太子裕仁攝政宮（之後的昭和天皇）訪台
1928年	4月	台北帝國大學創校
1930年	5月	嘉南大圳竣工
	10月	霧社事件（原住民襲擊日本人）
1931年	8月	嘉南農林學校棒球隊在甲子園獲得亞軍
1934年	9月	台灣議會設置請願運動結束
1937年		皇民化運動開始
1942年	3月	高砂義勇隊募集開始
1945年	8月	日本戰敗
戰後戒嚴令時代（1945～1987）		
1945年	9月	台灣省行政長官公署設立（長官為陳儀）
	10月	中國戰區台灣省受降儀式舉行
1946年	4月	在台日本人遣返完畢
	6月	國共內戰再爆發
	12月	中華民國憲法制定
1947年	2月	二二八事件
1948年	4月	《動員戡亂時期臨時條款》制定
	5月	蔣介石就任總統

台灣史年表

早期～清朝統治（～1895）		
16世紀後半		葡萄牙船隻發現台灣
1593年		原田孫七郎奉豐臣秀吉之命前往台灣
17世紀以降		漢人移民從大陸移住台灣
1624年		荷蘭東印度公司建築熱蘭遮城
1626年		西班牙人於基隆建築聖薩爾瓦多城
1628年		濱田彌兵衛事件（日本與荷蘭間的貿易摩擦）
1630年代		一連串的鎖國令，使日本的朱印船貿易因此斷絕
1642年		荷蘭人逐走台灣北部的西班牙人
1661年		鄭成功逐走荷蘭人
1683年		鄭氏政權投降清朝
1858年	6月	天津條約，安平（台南）、高雄、基隆、淡水開港
1874年	5月	日本出兵台灣
1884年	10月	中法戰爭，法國攻擊台灣北部
	10月	台灣從福建省分離，設立台灣省（首任巡撫劉銘傳）
1894年	7月	甲午戰爭（日清戰爭）爆發
日本統治時代（1895～1945）		
1895年	4月	依據馬關條約，清朝將台灣割讓給日本
	5月	反對割讓台灣的住民，發表「台灣民主國」宣言

聯經文庫

台灣十年大變局：野島剛觀察的日中台新框架

2017年2月初版

定價：新臺幣350元

著　　者　野　島　剛
譯　　者　盧　　荻
總 編 輯　胡　金　倫
總 經 理　羅　國　俊
發 行 人　林　載　爵

叢書主編　陳　逸　達
封面完稿　兒　　日
內文排版　極　　翔

出版者　聯經出版事業股份有限公司
地址　台北市基隆路一段180號4樓
編輯部地址　台北市基隆路一段180號4樓
叢書主編電話　(02)87876242轉225
台北聯經書房　台北市新生南路三段94號
電話　(02)23620308
台中分公司　台中市北區崇德路一段198號
暨門市電話　(04)22312023
台中電子信箱　e-mail：linking2@ms42.hinet.net
郵政劃撥帳戶第0100559-3號
郵撥電話　(02)23620308
印刷者　文聯彩色製版印刷有限公司
總經銷　聯合發行股份有限公司
發行所　新北市新店區寶橋路235巷6弄6號2樓
電話　(02)29178022

行政院新聞局出版事業登記證局版臺業字第0130號

本書如有缺頁，破損，倒裝請寄回台北聯經書房更換。
ISBN 978-957-08-4876-2 (平裝)
聯經網址：www.linkingbooks.com.tw
電子信箱：linking@udngroup.com

國家圖書館出版品預行編目資料

台灣十年大變局：野島剛觀察的日中台新框架/
野島剛著．蘆荻譯．　初版．臺北市．聯經．2017年2月
（民106年）．256面．14.8×21公分（聯經文庫）
ISBN　978-957-08-4876-2（平裝）

1.台灣社會

540.933　　106000373